PSAUMES ET CANTIQUES

PSAUMES ET CANTIQUES

POUR LE CULTE

DE L'ÉGLISE RÉFORMÉE

PUBLIÉS PAR LE CONSISTOIRE DE LYON

SIXIÈME ÉDITION REVUE, CORRIGÉE ET AUGMENTÉE

VEUVE BERGER-LEVRAULT ET FILS, LIBRAIRES-ÉDITEURS

PARIS | STRASBOURG
RUE DES SAINTS-PÈRES, 8 | RUE DES JUIFS, 26

1861.

STRASBOURG

IMPRIMERIE DE VEUVE BERGER-LEVRAULT

Fondeur et imprimeur de musique mobile.

PSAUMES ET CANTIQUES.

PREMIÈRE PARTIE.

PSAUMES.

N° 1. PSAUME I.

Heu-reux ce-lui qui fuit des vi-ci-eux

Et le commerce et l'exemple o-di-eux;

Qui des pécheurs hait la trompeu-se voi-e,

2. Tel que l'on voit, sur le bord d'un ruisseau,
Croître et fleurir un arbre toujours beau,
Et qui ses fruits en leur saison rapporte,
Sans que jamais sa feuille tombe morte,
Tel est le juste ; et tout ce qu'il fera
Selon ses vœux toujours prospérera.

3. Mais les méchants n'auront pas même sort ;
On les verra dissipés sans effort,
Comme la paille au gré du vent chassée :
Malgré l'orgueil de leur âme insensée,
Ils ne pourront tenir en jugement,
Ni près des bons subsister un moment.

4. Dieu, qui des cieux veille sur les humains,
Connaît leurs cœurs, voit l'œuvre de leurs mains,
Et donne au juste un vrai bonheur qui dure;
Mais des méchants il hait la voie impure ;
Ils se verront tôt ou tard malheureux,
Et leurs projets périront avec eux.

N° 2. PSAUME II.

2. C'est trop, ont dit ces ennemis jaloux,
C'est trop souffrir leurs rapides conquêtes;
Brisons les fers qu'ils préparent pour nous,
Et le dur joug qui menace nos têtes.
Mais l'Éternel, qui dans les cieux habite,
Se moquera d'eux et de leur dessein,
Et si contre eux à la fin il s'irrite,
Ils sentiront combien pèse sa main.

Ps. 2.

3. Du haut des cieux alors il parlera,
En sa colère à nulle autre semblable ;
D'un grand effroi leurs cœurs il remplira,
Dans sa fureur ardente et redoutable.
Rois, dira-t-il, quelle est votre entreprise ?
De ce Roi seul j'ai fait élection,
Et de ma main sa couronne il a prise ;
Je l'ai sacré sur le mont de Sion.

4. Et moi, son Oint, je publie en tous lieux
Le saint décret du Monarque suprême :
C'est toi, mon Fils, qui plais seul à mes yeux ;
Je t'ai, dit-il, engendré ce jour même.
Parle ou désire ; et, pour ton héritage,
Je rangerai les peuples sous tes lois ;
Ton vaste empire aura cet avantage
Qu'au bout du monde on entendra ta voix.

5. Tu dompteras de l'une à l'autre mer
Les ennemis qui te feront la guerre ;
Tu les tiendras sous un sceptre de fer,
Pour les briser comme un vaisseau de terre.
Maintenant donc, vous, monarques et princes,
Apprenez mieux quel est votre devoir :
Grands de la terre, arbitres des provinces,
Reconnaissez du Seigneur le pouvoir.

6. A l'honorer sans cesse attachez-vous :
Soyez soumis à sa volonté sainte ;
Vivez contents sous un maître si doux,
Et le servez avec respect et crainte.
Rendez hommage au Fils qu'il vous envoie,
Et prévenez un juste châtiment ;
Si votre erreur vous montre une autre voie,
Vous périrez dans votre égarement.

7. Car tout d'un coup son courroux rigoureux
S'enflammera pour hâter sa vengeance :
Heureux alors et mille fois heureux
Qui met en lui toute sa confiance !

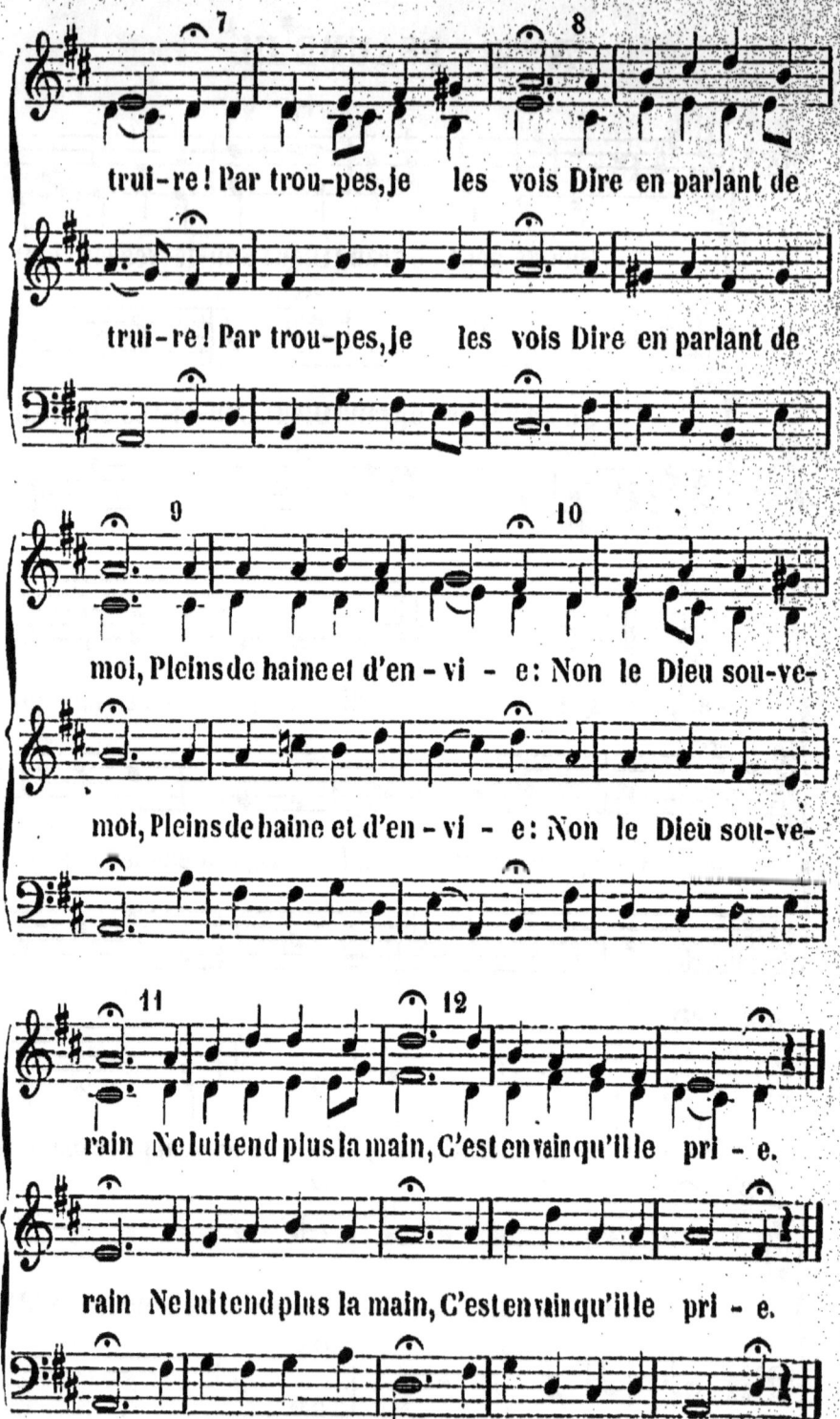

2. Mais, ô Dieu, mon Sauveur!
Ta céleste faveur
Fut toujours mon partage:
Plus le mal est pressant,
Plus ton secours puissant
Relève mon courage.
Toujours quand j'ai prié,
Toujours quand j'ai crié,
Dieu, touché de ma plainte,
Loin de me rebuter,
A daigné m'écouter,
De sa montagne sainte.

3. Je me couche sans peur,
Je m'endors sans frayeur,
Sans crainte je m'éveille;
Dieu, qui soutient ma foi,
Est toujours près de moi,
Et jamais ne sommeille.
Non, je ne craindrais pas,
Quand j'aurais sur les bras
Une nombreuse armée;
Dieu me dégagerait,
Quand même on la verrait
Autour de moi campée.

N° 4. PSAUME IV.

Seigneur! à toi seul je m'a-dres-se. Tu sais mon

Ps. 4.

droit, fais-moi rai-son. Lorsque j'é-tais dans la dé-tres-se, Ta main m'a ti-ré de la pres-se; Exau-ce donc mon o-rai-son. Vous, grands, dont l'in-jus-te puis-san-ce S'é-lè-ve contre mon honneur, Jusques à quand votre ar-ro-gan-ce, Vos fraudes, vo-tre

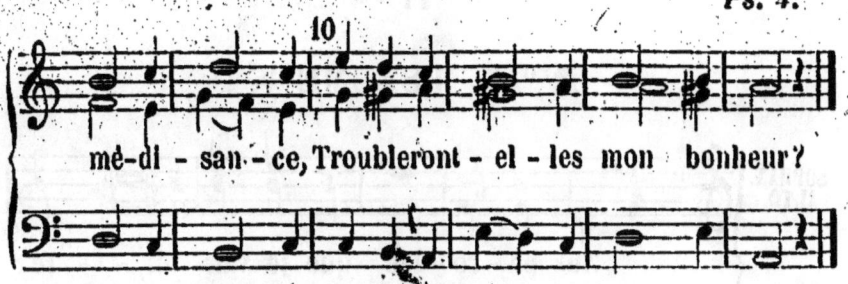

mé-di - san - ce, Troubleront - el - les mon bonheur?

2. Sachez, puisqu'il faut vous le dire,
Que Dieu qui veut un Roi pieux,
Entre tous à daigné m'élire,
Et qu'aussitôt que je soupire
Il m'entend du plus haut des cieux.
Mortels, redoutez sa colère,
Et pensez, même étant couchés,
Combien il se montre sévère
A qui s'obstine à lui déplaire,
Et quittez enfin vos péchés.

3. Présentez-lui le sacrifice
D'un cœur pur et plein d'équité ;
Et pour vous rendre Dieu propice,
Éloignez-vous de l'injustice,
Et vous fiez en sa bonté.
Les mondains disent : Qui sera-ce
Qui nous pourra combler de biens ?
Moi, Seigneur, je cherche ta grâce ;
Fais que la clarté de ta face
Sur moi se lève et sur les miens.

4. Plus de joie au cœur m'est donnée,
Par cette grâce du Très-Haut,
Qu'à ceux qu'une abondante année,
De blés et de vins couronnée
Fournit de tout ce qu'il leur faut.
Ainsi, dans une paix profonde,
Jour et nuit je reposerai ;
Car, Seigneur, sur toi je me fonde ;
Par toi seul, malgré tout le monde,
Heureusement je règnerai.

N° 5. PSAUME V.

2. Écoute ma prière ardente,
   Mon Dieu, mon Roi, dans ce moment,
   Puisque c'est à toi seulement,
   Que, dans ma douleur violente,
   Je la présente.

Ps. 5.

3. Source de lumière et de vie,
Dès le matin exauce-moi,
Car dès le matin, devant toi,
J'implore ta grâce infinie
Et m'y confie.

4. Tu n'es pas un Dieu qui dispense
Ses faveurs à l'iniquité ;
La fraude et la malignité
Ne trouvent jamais d'indulgence
En ta présence.

5. L'orgueilleux ni le téméraire
N'oseraient paraître à tes yeux ;
Toujours te furent odieux
Ceux dont le métier ordinaire
Est de mal faire.

11. Mais que les bons se réjouissent,
Et, comme ils espèrent en toi,
Qu'ils vivent contents sous ta loi ;
Qu'avec plaisir ils t'obéissent,
Et te bénissent.

12. Ton bras est toujours secourable
A l'homme juste, ô Dieu Sauveur!
Toujours ta puissante faveur
Est le bouclier impénétrable
Du misérable.

N° 6. PSAUME VIII.

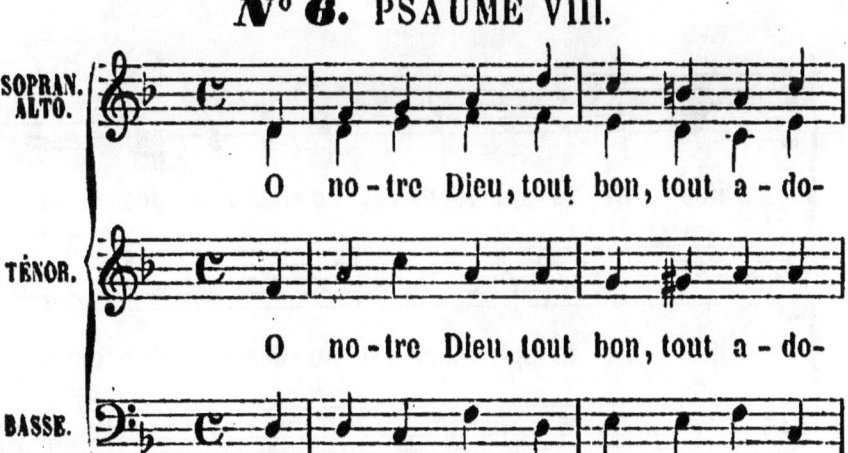

Ps. 8.

Ps. 8.

2. Le tendre enfant qui pend à la mamelle
Prêche à nos yeux ta puissance éternelle ;
Sa faible voix confond l'impiété,
Et du méchant condamne la fierté.

3. Quand je contemple, en te rendant hommage,
Le firmament, ton merveilleux ouvrage,
Les cieux, la lune, et les feux différents
Que ta sagesse a placés en leurs rangs :

4. Surpris, ravi, je te dis en moi-même :
Qu'est-ce que l'homme, ô Majesté suprême !
Que ta bonté daigne s'en souvenir,
Et que ta grâce aime à le prévenir ?

5. Tu l'as un peu fait moindre que les Anges
Qui dans les cieux célèbrent tes louanges ;
Tu l'as aussi d'éclat environné,
Comblé de gloire et d'honneur couronné.

6. Tu l'as fait roi sur ces œuvres si belles
Que tu formas de tes mains immortelles ;
Tes ordres saints ont, sans exception,
Mis sous ses pieds tout en sujétion.

7. Tous les troupeaux qui paissent aux montagnes
Le gros bétail qui paît dans les campagnes,
Les animaux des déserts et des bois,
Souffrent son joug, ou tremblent à sa voix.

8. Tous les oiseaux qui volent et qui chantent,
Tous les poissons qui par troupes fréquentent
Fleuves, étangs et les profondes mers,
Tout est sous lui dans ce vaste univers.

9. O notre Dieu, que ta gloire est immense !
Rien n'est égal à ta magnificence,
Ta majesté, partout brille à nos yeux ;
Ton nom remplit et la terre et les cieux.

N° 7. PSAUME XV.

2.

Ce sera l'homme seulement
Qui marche droit en toute affaire,
Qui ne fait rien que justement,
Dont jamais la bouche ne ment,
Soit pour surprendre, soit pour plaire.

Ps. 15.

3.

L'homme dont la langue ne fait
Aucune injure, ni dommage,
Le cœur aucun mauvais souhait ;
Mais qui, de parole et d'effet,
Défend son prochain qu'on outrage.

4.

L'homme qui fuit les vicieux,
Qui recherche et qui favorise
Ceux qui craignent le Dieu des cieux ;
Qui garde en tout temps, en tous lieux,
Même à son dam, la foi promise.

5.

Enfin, l'homme qui ne prendra
Nulle usure de ce qu'il prête,
Qui jamais le droit ne vendra.
Celui qui ce chemin tiendra
Ne trouvera rien qui l'arrête.

N° 8. PSAUME XVI.

Sois, ô grand Dieu, ma garde et mon ap-

Ps. 16.

3. Dieu fut toujours le fonds qui m'entretient,
Et sur ce fonds ma rente est assurée.
Enfin, Seigneur, la part qui m'appartient
En plus beau lieu n'eût pu m'être livrée ;
Le meilleur lot de ton riche héritage,
Par ta bonté se trouve en mon partage.

4. Béni soit Dieu qui m'a si sagement
De ses conseils donné la sainte adresse !
Même la nuit j'y pense mûrement,
Et son Esprit me guide et me redresse.
Aussi toujours vers lui seul je regarde,
Toujours sa main me soutient et me garde.

5. Dans cet état, que je me trouve heureux !
Ma bouche chante, et ma chair se rassure,
Je ne crains pas qu'au séjour ténébreux
Ton Saint jamais sente la pourriture ;
Car ton amour ne permet pas qu'on croie
Que du sépulcre il demeure la proie.

6. Tu me feras connaître le sentier
Qui de la mort mène à la vie heureuse ;
Car, ô Seigneur ! nul plaisir n'est entier,
Si l'on ne voit ta face glorieuse :
C'est dans ta main que se trouvent sans cesse
Les vrais plaisirs et la vraie allégresse.

N° 9. PSAUME XIX.

Ps. 19.

2.
Oui, toute nation,
Sans autre instruction,
Aux plus sauvages lieux
Peut discerner le son
Et la docte leçon
Du langage des cieux.
Cette leçon s'apprend,
Ce langage s'entend,
Sur la terre et sur l'onde,
Surtout quand le soleil,
Sous ce dais sans pareil,
Vient se montrer au monde.

4.
La sage et juste loi
De notre divin Roi
Ranime le mourant ;
Et ses oracles saints,
Toujours clairs et certains,
Instruisent l'ignorant.
Que de ce Roi des rois
Les jugements sont droits !
Le cœur ils réjouissent ;
Ses conseils précieux
Illuminent les yeux
De ceux qui le chérissent.

5.
La crainte du Seigneur
Assure leur bonheur
A perpétuité :
Tous ses commandements
Et tous ses règlements
Sont remplis d'équité.
C'est un riche trésor,
Plus précieux que l'or
Qu'au creuset on affine ;
Et le miel le plus doux
L'est beaucoup moins pour nous
Que leur vertu divine.

6.
Aussi ton serviteur,
Qui les porte en son cœur,
En est tout éclairé.
Tous ceux qui les suivront
De ta main recevront
Un salaire assuré.
Mais qui peut se vanter
De connaître ou compter
Ses péchés d'ignorance ?
Toi, qui vois tout, Seigneur,
Pardonne mon erreur,
Et couvre mon offense.

7.
Que tous ces grands forfaits
Qui par fierté sont faits,
Ne règnent point en moi ;
Alors par ta bonté,
Dans mon intégrité
Je vivrai sans effroi.
Ma bouche ne dira,
Mon cœur ne pensera,
On ne me verra faire
Rien, ô Dieu, mon Sauveur !
Rien, ô mon Rédempteur !
Qui te puisse déplaire.

N° 10. PSAUME 22.

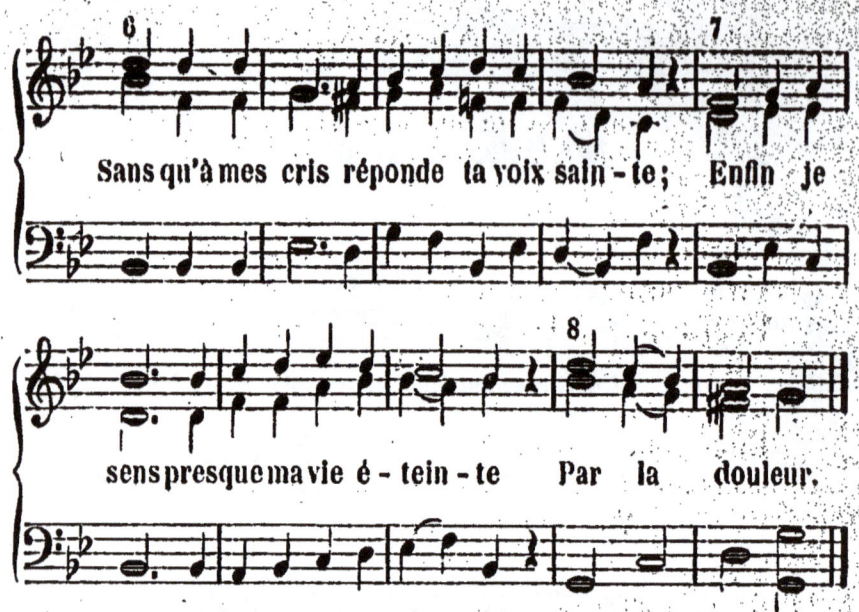

2. C'est toi, pourtant, Dieu saint, dont la faveur
Fait d'Israël la gloire et le bonheur ;
Comme c'est lui qui chante ta grandeur
    Et ta clémence.
Quand nos aïeux, avec persévérance,
Ont mis en toi toute leur espérance,
N'ont-ils pas vu la fin de leur souffrance,
    Par tes bontés ?

3. Ils ont crié, tu les as écoutés ;
Et t'invoquant dans leurs adversités,
Ils ont senti, loin d'être rebutés,
    Ta grâce prompte.
Moi, tel qu'un ver que pour un rien l'on compte,
Bien moins qu'un homme, et des hommes la honte,
Je ne sers plus que de fable et de conte
    Au peuple bas.

12. Louez le Dieu que vous servez ici,
Fils de Jacob ; n'ayez autre souci ;
Craignez-le enfin, vous, d'Israël aussi
    La race entière.

Loin de tourner son visage en arrière,
Des affligés il entend la prière ;
Il fait paraître une amour singulière
    En leur faveur.

13. Devant tous ceux qui te craignent, Seigneur,
J'irai chanter un hymne à ton honneur,
Et m'acquitter des vœux que fit mon cœur,
    Dans ma détresse.
Les bons seront nourris avec largesse,
Et de concert béniront Dieu sans cesse :
Vous qui n'avez d'espoir qu'en sa promesse,
    Vos cœurs vivront.

14. En tous climats, tous peuples le sauront ;
A toi, Seigneur, ils se convertiront,
Et, pleins de zèle, ils se prosterneront
    En ta présence.
Tous les humains rendront obéissance
Au Roi des rois, dont la douce puissance
Le fait des cœurs, malgré leur résistance,
    Le conquérant.

15. Depuis le riche et sain et prospérant,
Jusqu'au plus pauvre en langueur expirant,
Tous à l'envi seront vus l'adorant,
    Chantant sa gloire.
Nos descendants, instruits de ma victoire,
Le serviront, en lui seul voudront croire ;
Et d'âge en âge il sera fait mémoire
    Du Tout-Puissant.

N° 11. PSAUME XXIII.

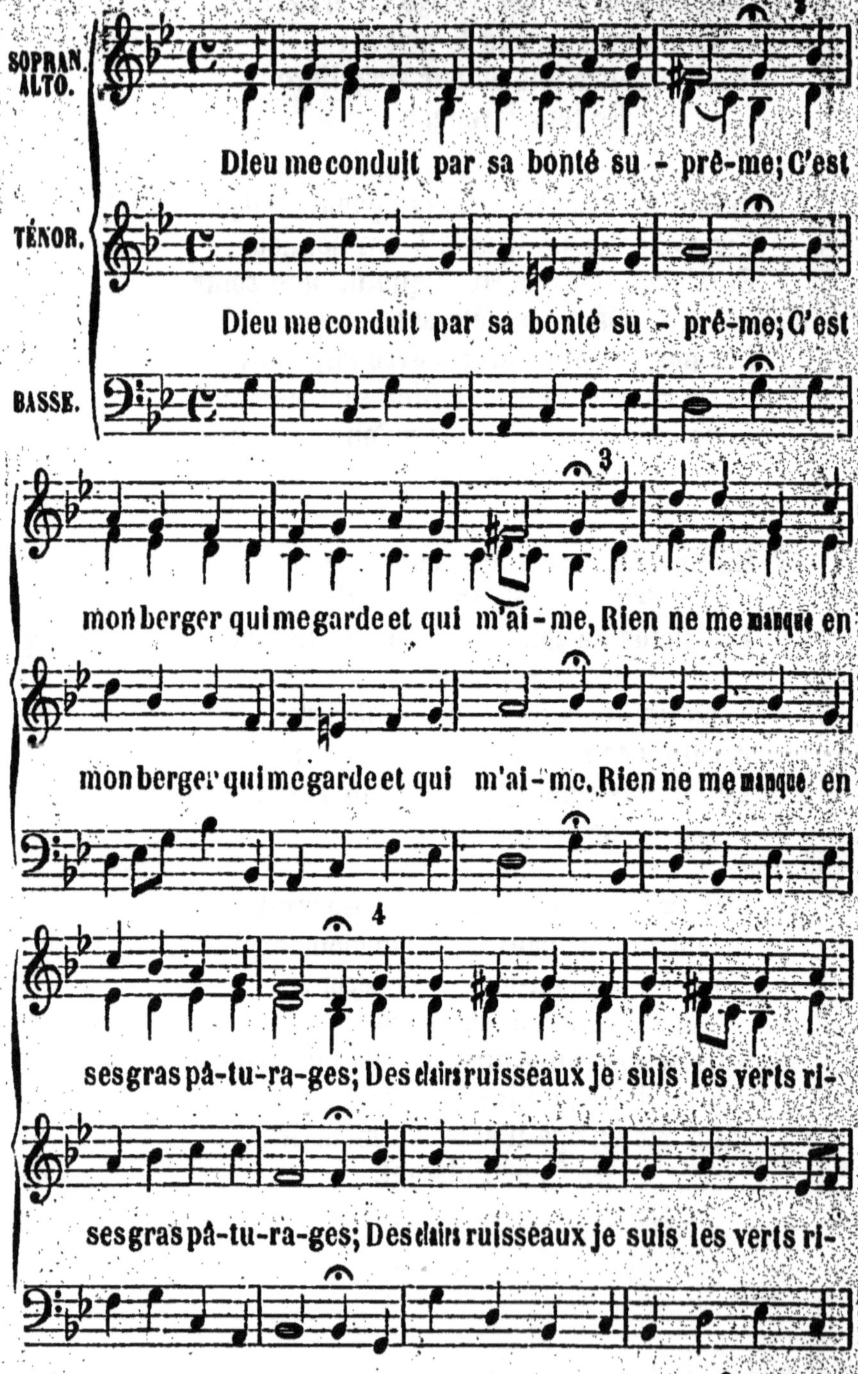
SOPRAN.
ALTO.
TÉNOR.
BASSE.
Dieu me conduit par sa bonté su - prê-me; C'est
Dieu me conduit par sa bonté su - prê-me; C'est
mon berger qui me garde et qui m'ai - me, Rien ne me manque en
mon berger qui me garde et qui m'ai - me, Rien ne me manque en
ses gras pâ-tu-ra-ges; Des clairs ruisseaux je suis les verts ri-
ses gras pâ-tu-ra-ges; Des clairs ruisseaux je suis les verts ri-

2.

Je ne crains point, en tenant cette voie,
Que de la mort je devienne la proie :
Quand je serais dans sa vallée obscure,
Partout, ô Dieu! ta houlette m'assure;
C'est de tes biens que ma table est couverte
Aux yeux de ceux qui désirent ma perte.

N° 12. PSAUME XXIV.

De fleuves et de sour-ces pu-res.

2. Surtout le sacré mont de Dieu
Fut toujours un aimable lieu :
Mais qui peut y trouver sa place ?
L'homme, net de mains et de cœur,
Qui n'est parjure ni trompeur,
Qui marche, ô Dieu! devant ta face;

3. Cet homme, Dieu le bénira ;
Dieu, son Sauveur, l'enrichira
Des trésors de sa bienveillance.
Telle est l'heureuse nation
Qui cherche avec dévotion,
O Dieu de Jacob! ta présence.

4. Haussez vos têtes, grands portaux,
Huis éternels, tenez-vous hauts,
Laissez entrer le Roi de gloire.
Quel est ce Roi si glorieux ?
C'est le Dieu fort, le Dieu des cieux,
Qui mène avec lui la victoire.

5. Haussez vos têtes, grands portaux,
Huis éternels, tenez-vous hauts,
Pour le Roi que suit la victoire.
Quel est ce Roi si glorieux?
C'est le Dieu fort, le Roi des cieux ;
Ce grand Dieu, c'est le Roi de gloire.

N° 13. PSAUME XXV.

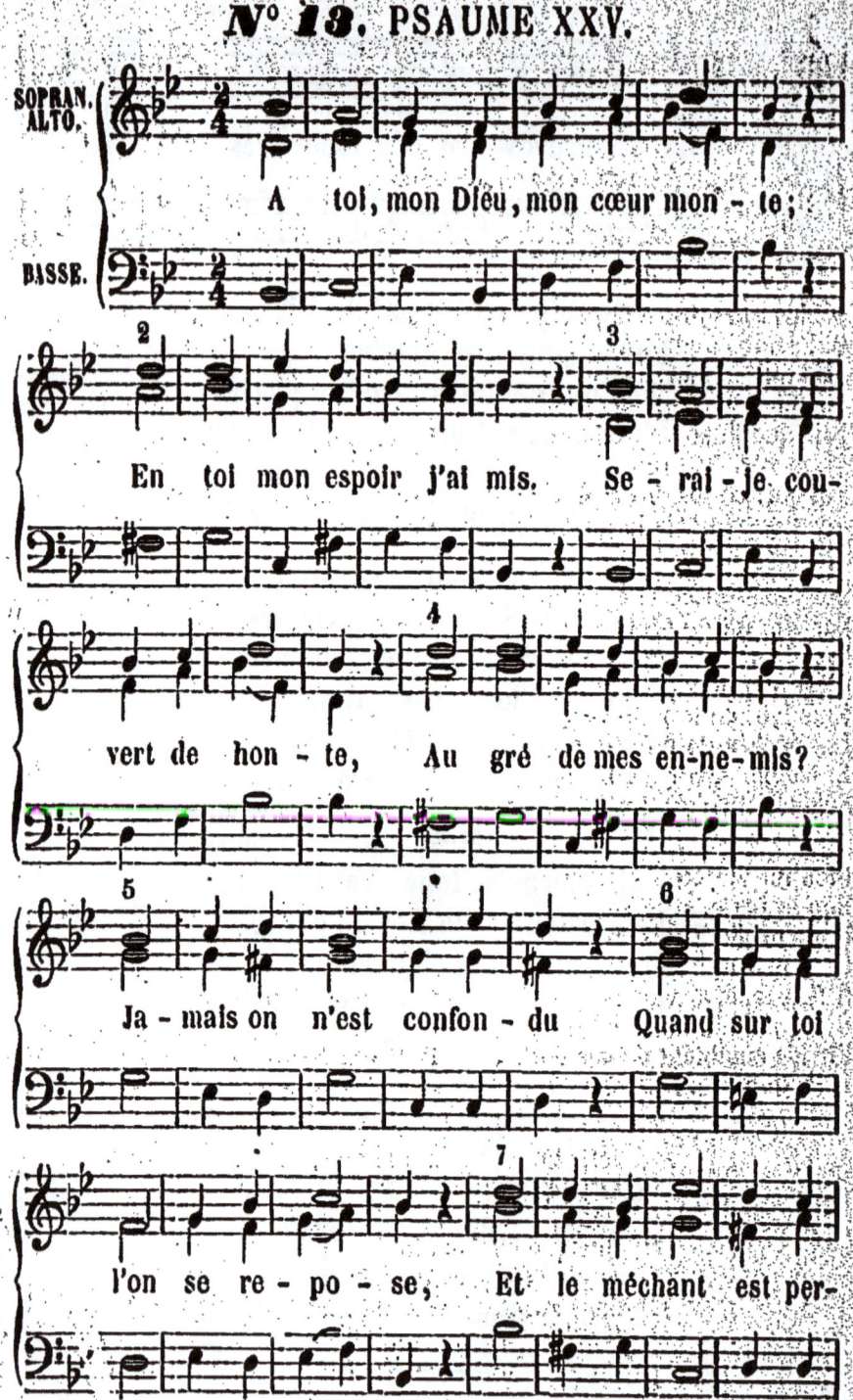

A toi, mon Dieu, mon cœur mon - te;
En toi mon espoir j'ai mis. Se - rai-je cou-
vert de hon - te, Au gré de mes en-ne-mis?
Ja - mais on n'est confon - du Quand sur toi
l'on se re - po - se, Et le méchant est per-

Ps. 25.

du, Qui nuit aux jus - tes sans cau - se.

2.
O Dieu! montre-moi la voie
Qui seule conduit à toi;
Fais que je marche avec joie
Dans les sentiers de ta loi;
Fais que je suive toujours
De ta vérité la route,
Toi qui, de ton prompt secours,
Veux que jamais je ne doute.

3.
Souviens-toi de ta clémence,
Car elle fut de tout temps;
Prends pitié de ma souffrance,
C'est ta grâce que j'attends.
Mets loin de ton souvenir
Les péchés de ma jeunesse;
Et daigne encor me bénir,
Seigneur, selon ta promesse.

4.
Dieu fut toujours véritable;
Bon et juste, il le sera;
Et du pécheur misérable
La voie il redressera.
Il fera tenir aux bons
Une conduite innocente;
Et, les comblant de ses dons,
Il remplira leur attente.

5.
La vérité, la clémence
Sont les sentiers du Seigneur,
Pour ceux qui son alliance
Observent de tout leur cœur.
O Seigneur! par ton saint nom,
Et par ta bonté suprême,
Accorde-moi le pardon
De ma faute, quoique extrême!

6.
Qui craint Dieu, qui veut bien vivre,
Jamais ne s'égarera;
Car, au chemin qu'il doit suivre,
Dieu même le conduira.
A son aise et sans ennui
Il verra le plus long âge,
Et ses enfants, après lui,
Auront la terre en partage.

7.
L'Éternel se communique
A ceux dont les cœurs sont droits;
A qui le craint, il explique
Son ordonnance et ses lois.
Je ne m'en écarte pas;
Mes yeux sont sur lui sans cesse:
Il détournera mes pas
Des pièges que l'on me dresse.

8.
Jette donc sur moi la vue,
Et que ta compassion
Donne à mon âme éperdue
Quelque consolation.
Je me vois près d'expirer,
Sans secours dans ma tristesse;
O Seigneur! viens me tirer
De cette horrible détresse.

Nº 14. PSAUME XXVII.

cher par-tout, tom - ber à cha - que pas.

2. Que tout un camp m'approche et m'environne,
   Mon cœur jamais ne s'en alarmera,
   Qu'en ce péril tout secours m'abandonne,
   Un ferme espoir toujours me soutiendra.
   A l'Éternel je demande un seul point,
   Et j'ai fait vœu de l'en prier toujours,
   Qu'aussi longtemps que dureront mes jours,
   De sa maison il ne m'éloigne point.

5. Mon cœur entend ton céleste langage,
   Et de ta part me le répète ainsi :
   Sois diligent à chercher mon visage.
   Tu vois, Seigneur, que je le cherche aussi.
   Que de moi donc il ne soit jamais loin ;
   De ton courroux garantis-moi, mon Dieu :
   Tu fus mon aide en tout temps, en tout lieu,
   Et voudrais-tu me laisser au besoin ?

6. Quand je n'aurais pour moi père ni mère,
   Quand je n'aurais aucun secours humain,
   Le Tout-Puissant, en qui mon âme espère,
   Pour me sauver me prendrait par la main.
   Conduis-moi donc, ô Dieu qui m'as aimé ;
   Délivre-moi de mes persécuteurs ;
   Ferme la bouche à mes accusateurs ;
   Ne permets pas que j'en sois opprimé.

Ps. 27.

7. Si je n'eusse eu cette douce espérance,
  Qu'un jour, en paix, après tant de travaux,
  Des biens de Dieu j'aurais la jouissance,
  Je succombais sous le poids de mes maux.
  Toi donc, mon âme, en ton plus grand tourment,
  Attends de Dieu la grâce et le secours :
  Son bras puissant t'affermira toujours ;
  Attends, mon âme, attends Dieu constamment.

N° 15. PSAUME XXXII.

Ps. 32.

Ps. 32.

2.

Quand, dans les maux qu'attirait mon offense,
Trop obstiné, j'ai gardé le silence;
Quand, de douleur, j'ai crié sans cesser;
Mes os n'ont fait que fondre et s'abaisser.
J'ai, nuit et jour, senti ta main puissante
Sur moi, Seigneur, se rendre plus pesante;
Mon corps s'est vu, dans cette extrémité,
Plus sec qu'un champ dans l'ardeur de l'été.

3.

Mais aussitôt que, sans hypocrisie,
J'ai déploré les fautes de ma vie;
Dès que j'ai dit: Confessons mon forfait,
De ton pardon j'ai ressenti l'effet.
Ainsi celui que ton amour éprouve
Te cherchera dans le temps qu'on te trouve;
Et quand de maux un déluge courrait,
De tout danger ta main le sauverait.

4.

En toi, Seigneur, je trouve un sûr asile,
Rien ne m'alarme et mon âme est tranquille;
Et chaque jour j'ai de nouveaux sujets
De te louer des biens que tu me fais.
Venez à moi, mortels, venez apprendre
Le droit chemin qu'en ce monde on doit prendre:
En me suivant vous ne broncherez pas,
Je prendrai soin de conduire vos pas.

N° 16. PSAUME XXXIII.

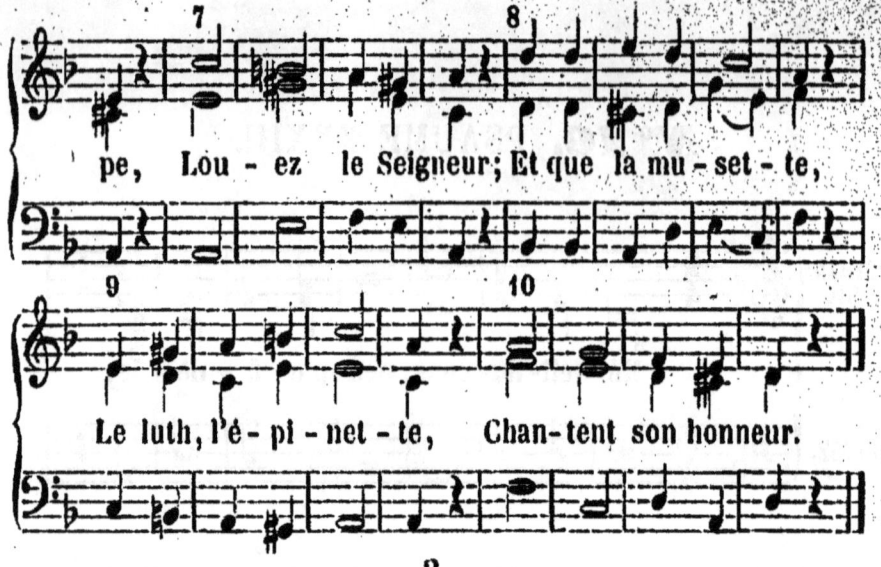

pe, Lou-ez le Seigneur; Et que la mu-set-te, Le luth, l'é-pi-net-te, Chan-tent son honneur.

3.

Il veut, par sa loi souveraine,
Que partout la justice ait lieu.
Qui ne voit que la terre est pleine
De la grande bonté de Dieu?
    L'un et l'autre pôle
    Sont de sa parole
    L'effet glorieux;
    D'un mot fut formée
    La céleste armée,
    Qui brille à nos yeux.

4

Il rassembla les eaux profondes,
Les tenant comme en un vaisseau;
Il mit les ondes sur les ondes,
Comme un trésor en un monceau.
    Que toute la terre
    Craigne son tonnerre,
    Et qu'humiliés
    Tous ceux qui l'habitent
    Sa colère évitent,
    Soumis à ses pieds.

5.

La chose, aussitôt qu'il l'eut dite,
Eut son être dans le moment ;
L'obéissance fut subite
Et suivit le commandement.
    L'Éternel méprise
    La vaine entreprise
    Des peuples divers :
    Sa juste puissance
    Confond la prudence
    Des hommes pervers.

6.

Mais sa sagesse invariable
Jamais ne change son dessein,
Et sa providence immuable
Marche toujours d'un même train.
    Heureuse la race
    Dont Dieu, par sa grâce,
    Veut être le Dieu,
    Et que, d'âge en âge,
    Comme son partage,
    Il garde en tout lieu.

7.

L'Éternel ici-bas regarde,
Nuit et jour, du plus haut des cieux ;
A tous les mortels il prend garde,
Et rien ne se cache à ses yeux.
    De son trône auguste,
    Ce Roi saint et juste
    Voit distinctement
    Tout ce qui se passe
    Dans le grand espace
    Du bas élément.

Ps. 33.

8.

C'est Dieu seul qui, par sa puissance,
Fit le cœur de tous les humains ;
Il démêle avec connaissance
Toutes les œuvres de leurs mains.
    Au fort des alarmes,
    Ni camp ni gendarmes
    Ne sauvent le Roi ;
    Le fer, le courage
    Sont de nul usage,
    Éternel, sans toi.

9.

C'est en vain qu'on croit que l'adresse
D'un cheval puissant et léger,
Tirant son maître de la presse,
Le délivrera du danger.
    Mais Dieu, de ses ailes,
    Couvre les fidèles,
    Et veille toujours
    Pour qui le révère,
    Pour qui rien n'espère
    Que de son secours.

11.

Nos cœurs, pleins de reconnaissance,
Béniront le nom du Seigneur ;
Nous reposant sur sa clémence,
Nous célébrerons son honneur.
    Que ta bonté grande
    Sur nous se répande,
    O Dieu, notre Roi !
    Remplis notre attente ;
    Notre âme contente
    N'espère qu'en toi.

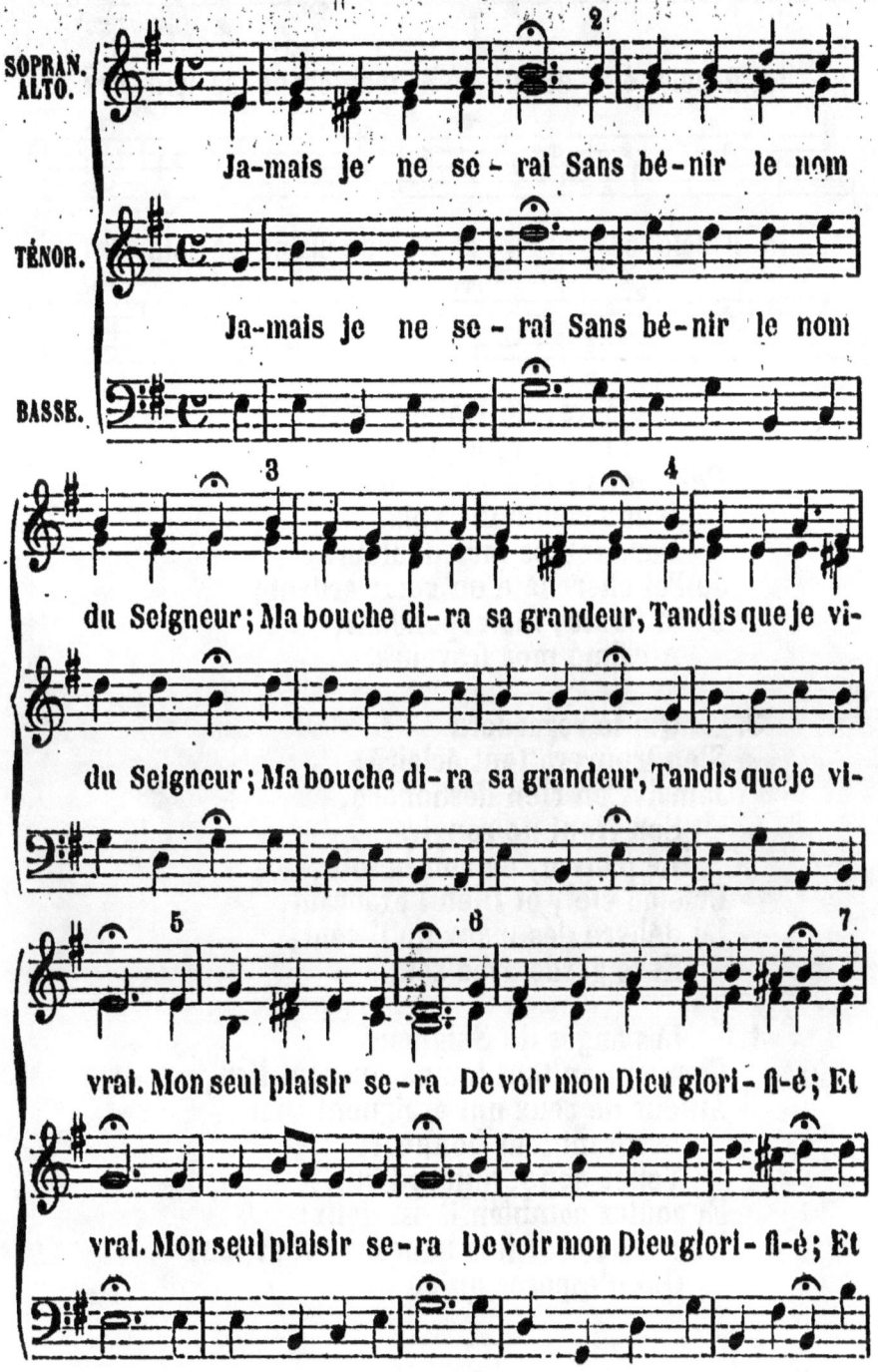

le fi-dèle é - di - fi - é A mon chant se join-dra.

2. Toujours, du Roi des rois
Élevons le nom jusqu'aux cieux;
Célébrons ses faits glorieux
D'une commune voix.
Dans toutes mes douleurs,
Je l'ai cherché d'un cœur ardent;
Et sa bonté, me répondant,
A calmé mes frayeurs.

3. Qui le regardera
S'en trouvera tout éclairé;
Jamais, en rien déshonoré,
Son front ne rougira.
Le pauvre, en son besoin,
Crie au ciel, et Dieu l'exauçant,
Le délivre des maux qu'il sent,
Et le garde avec soin.

4. Les anges du Seigneur
Campent en tout temps, en tout lieu,
Autour de ceux qui craignent Dieu,
Assurant leur bonheur.
Venez donc, aujourd'hui,
Et goûtez combien il est doux:
Heureux, cent fois heureux, vous tous
Qui n'espérez qu'en lui!

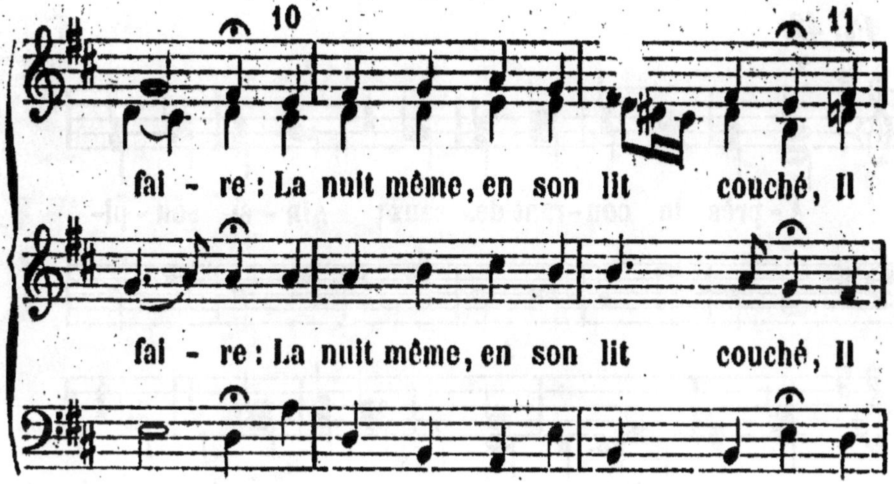
10
11
fai - re : La nuit même, en son lit couché, Il
fai - re : La nuit même, en son lit couché, Il

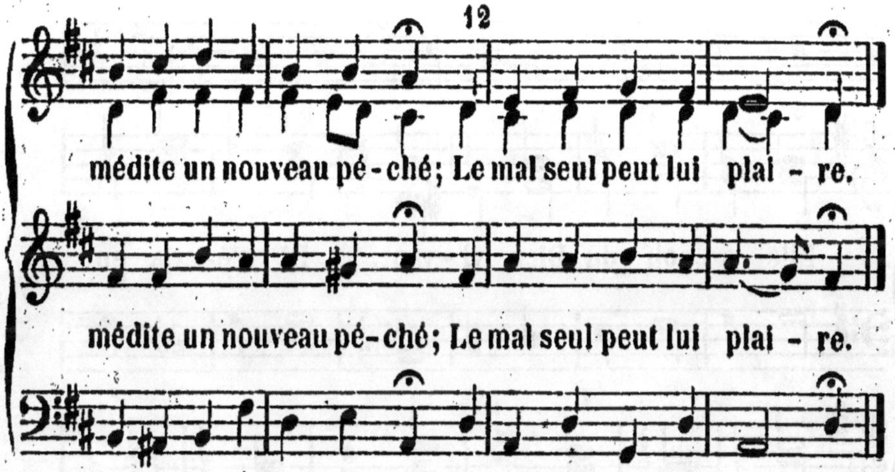
12
médite un nouveau pé - ché; Le mal seul peut lui plai - re.
médite un nouveau pé - ché; Le mal seul peut lui plai - re.

N° 19. PSAUME XLII.

SOPRAN.
ALTO.
Comme un cerf al - té - ré bra - me
BASSE.

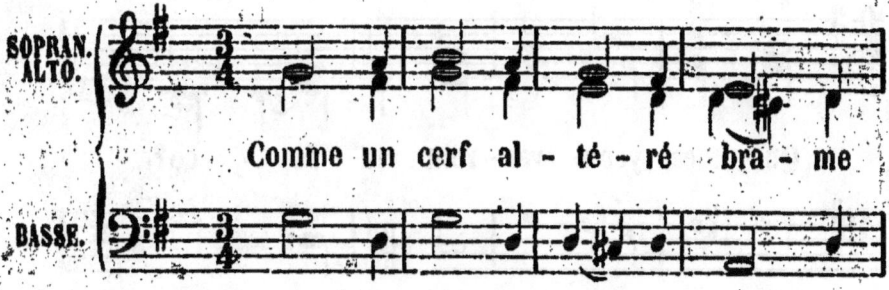

Ps. 42.

2. Pour pain je n'ai que mes larmes,
   Et nuit et jour en tout lieu,
   Lorsqu'en mes dures alarmes
   On me dit: que fait ton Dieu?
   Je regrette la saison
   Où j'allais en ta maison,
   Chantant avec les fidèles
   Tes louanges immortelles.

5. Les torrents de ta colère
   Sur moi cent fois ont passé;
   Mais, par ta grâce j'espère
   Qu'enfin l'orage est cessé.
   Tu me conduiras le jour;
   Et moi, la nuit, à mon tour,
   Louant ta majesté sainte,
   Je t'adresserai ma plainte.

7. Mais pourquoi, mon âme, encore
   T'abattre avec tant d'effroi?
   Espère au Dieu que j'adore,
   Il sera loué par moi.
   Un regard dans sa faveur
   Me dit qu'il est mon Sauveur;
   Et c'est aussi lui, mon âme,
   Qu'en tous mes maux je réclame.

N° 20. PSAUME XLVII.

Qu'on batte des mains; Que tous les humains, En cet heureux jour, Viennent tour à tour, D'un chant solen-

Ps. 47.

nel, Louer l'É-ter-nel. C'est le Dieu des cieux, Qu'on craint en tous lieux; Le grand Roi qui peut Faire, quand il veut, Trembler à sa voix Les plus puissants rois.

2.
Par son grand pouvoir
Il nous a fait voir
Les peuples soumis;
Et nos ennemis
Sont humiliés
Jusque sous nos pieds.
Ce maître si doux
A choisi pour nous
La meilleure part,
Qu'il a mise à part,
Dont il enrichit
Jacob qu'il chérit.

3.
Peuples, le voici
Qui se montre ici;
Qu'au son des hautbois,
Des luths et des voix,
On aille au-devant
Du grand Dieu vivant.
Chantez donc, chantez
Ses rares bontés;
D'un cœur plein de foi,
Chantez ce grand Roi,
Le vrai, le seul Dieu
Qui règne en tout lieu.

Nº 21. PSAUME LI.

3. Je le sais bien, et je l'ai toujours su,
J'étais souillé même avant que de naître;
Hélas! Seigneur, j'ai commencé de l'être
Dès qu'en son sein ma mère m'a conçu:
Mais toi, grand Dieu, tu n'es que sainteté,
Tu veux des cœurs où règne l'innocence,
Et tu m'avais, par ta grande bonté,
De tes secrets donné la connaissance.

5. N'attache plus tes yeux sur mes forfaits,
Ils ne pourraient qu'enflammer ta colère;
Oublie, ô Dieu! pour finir ma misère,
Ce crime atroce et tous ceux que j'ai faits.
Daigne, Seigneur, daigne créer en moi
Un esprit pur, un cœur brûlant de zèle;
Pour ranimer et raffermir ma foi,
Que ton esprit en moi se renouvelle.

Ps. 51.

6. Trop loin de toi je me vois reculé,
   Guéris les maux qui font que je soupire;
   Que ton esprit jamais ne se retire,
   Quand tu l'auras en moi renouvelé.
   Mon Dieu, rends-moi ta consolation;
   Elle peut seule adoucir ma tristesse;
   Que ton esprit, dans cette affliction,
   Par sa vertu soutienne ma faiblesse.

8. Ouvre, Seigneur, mes lèvres désormais,
   Que mes frayeurs ont trop longtemps fermées,
   Et par mes chants tes louanges semées
   Retentiront en tous lieux à jamais.
   Si tu voulais que pour de tels péchés
   En holocauste on t'offrît des victimes,
   J'en eusse offert; mais des cœurs si tachés
   Le sang des boucs n'efface pas les crimes.

9. Le sacrifice agréable à tes yeux,
   C'est le regret d'une âme pénitente;
   Un cœur brisé d'une douleur pressante,
   C'est lui, grand Dieu, qui seul t'est précieux.
   Témoigne encore à Sion ta bonté;
   Protége, ô Dieu! conserve et fortifie
   Jérusalem, ta fidèle cité:
   Hausse ses murs et ses tours r'édifie.

N° 22. PSAUME LXII.

5. C'est à Dieu que j'ai mon recours ;
   Il est ma gloire et mon secours,
   La force qui me rend tranquille.
   Peuples, prenez-le pour appui ;
   Répandez vos cœurs devant lui ;
   Dieu seul fut toujours notre asile.

6. Les hommes mortels ne sont rien ;
   Les plus grands, même avec leur bien,
   N'ont qu'un faux éclat qu'on adore.
   Qui l'homme et le rien pèserait,
   Par cette épreuve il trouverait
   Que l'homme est plus léger encore.

7. N'appuyez jamais vos desseins
   Sur des moyens mauvais ou vains ;
   Fuyez les espérances folles ;
   Méprisez l'or et les honneurs,
   Et n'attachez jamais vos cœurs
   A des biens trompeurs et frivoles.

8. Mon Dieu, dont je connais la voix,
   M'a fait ouïr plus d'une fois
   Qu'en sa main seule est la puissance ;
   Et nous savons, Dieu juste et doux,
   Qu'enfin tu donneras à tous
   Ou la peine ou la récompense.

N° 23. PSAUME LXIV.

O Dieu ! ma peine est in-fi-ni-e ;

Ps. 64.

Mon cœur se ré-pand devant toi. Entends mes cris, ex-au-ce-moi; Et contre u-ne troupe en-ne-mi-e Dé-fends ma vi-e.

9. Tout enfin rendra ses hommages
Au pouvoir du Dieu souverain;
Tout craindra l'effet de sa main,
Dont on voit tant de témoignages
Dans ses ouvrages.

10. Surtout le juste en sa présence
Le bénira d'un hymne saint,
Et le fidèle qui le craint
Chantera, plein de confiance,
Sa délivrance.

vœux et nos sou-pirs, Tous les peu-ples vien-dront s'y ren-dre, Pleins des mê-mes dé-sirs.

2. Hélas ! mes erreurs et mes vices
   Allumaient ton courroux ;
   Mais, Seigneur, tes bontés propices
   T'apaisent envers nous.
   O qu'heureux l'homme se peut dire,
   Qu'il t'a plu d'adopter !
   Dans tes parvis il se retire :
   Tu l'y fais habiter.

3. Des biens que tu nous voudras faire
   Nos cœurs se rempliront ;
   Des douceurs de ton sanctuaire
   Nos âmes jouiront.
   Tes arrêts, toujours équitables,
   Grand Dieu, qui nous soutiens,
   Par des vengeances effroyables
   Se font connaître aux tiens.

4. Aussi jusqu'aux deux bouts du monde
   Tout s'assure sur toi ;
   Et tout, sur la terre et sur l'onde,
   Se règle sur ta loi.
   Ceint de tes forces redoutables,
   De grandeur revêtu,
   Tu rends les monts inébranlables
   Par ta seule vertu.

5. Ta voix fait de la mer bruyante
   Les vagues rabaisser;
Des peuples l'émeute inconstante,
   D'un mot tu fais cesser.
Voyant tes œuvres sans pareilles,
   Les peuples étonnés
Admirent tes hautes merveilles,
   Même aux lieux éloignés.

6. Des bords où le soleil se lève,
   Ramenant la clarté,
Aux bords où sa course s'achève,
   Tout chante ta bonté.
Si nos guérets et nos prairies
   Languissent faute d'eau,
Tu leur rends, par tes riches pluies,
   Un air riant et beau.

7. L'eau qui de tes canaux regorge
   Vient la terre nourrir,
Afin que le froment et l'orge
   Puissent croître et mûrir.
Lorqu'ainsi tu l'as arrosée,
   Nos sillons sont comblés;
Sa soif alors est apaisée,
   Et tu bénis nos blés.

8. L'automne, de fruits couronnée,
   Vient réjouir nos yeux;
Ta main verse toute l'année
   Tes biens du haut des cieux.
On voit jusqu'aux plaines désertes,
   Les bergers en jouir;
Les coteaux et leurs croupes vertes
   Semblent s'en réjouir.

9. On voit partout, dans les campagnes,
   Mille troupeaux divers:
Les vallons, au pied des montagnes,
   De grands blés tout couverts;
Et cette richesse champêtre,
   Par de muets accords,
Célèbre l'auteur de son être,
   Qui répand ses trésors.

N° 25. PSAUME LXVI.

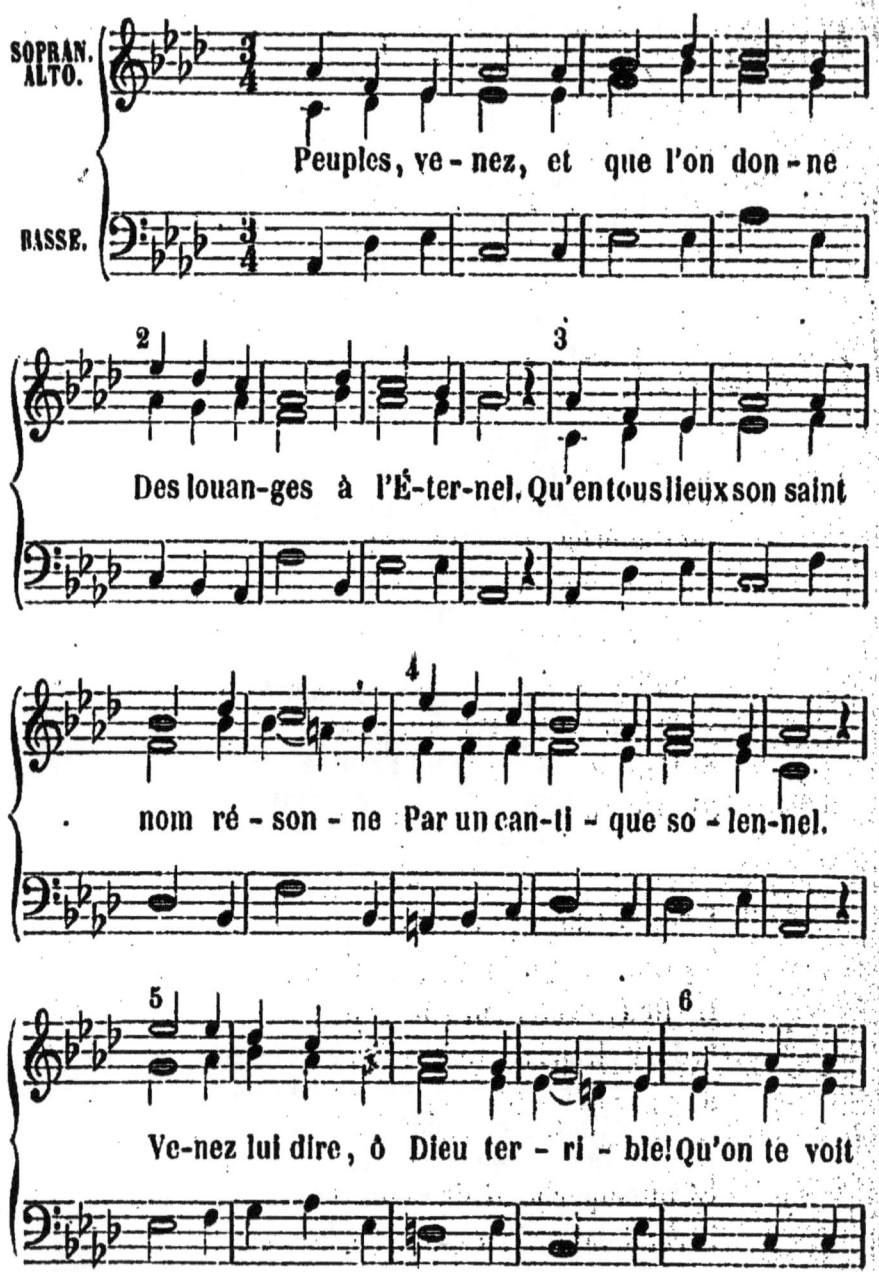

2.

Que ta majesté glorieuse
Soit adorée en l'univers;
Que ta louange précieuse
Soit la matière de nos vers.
Peuples, rendez-lui vos hommages,
Et jugez d'un commun accord,
Si tant de merveilleux ouvrages
Sont d'un autre que du Dieu fort.

3.

Israël vit la mer profonde
Tout d'un coup tarir à ses yeux;
Le fleuve retenant son onde,
Le peuple passa tout joyeux.
Sa providence universelle
Regarde sur les nations,
Et du superbe et du rebelle
Il rend vaines les passions.

Ps. 66.

4.

Hâtez-vous, peuples, qu'on nous voie
En tout lieu bénir le Seigneur ;
Faites retentir avec joie
Un hymne saint à son honneur.
C'est lui qui garde notre vie,
Qui conduit sûrement nos pas ;
C'est lui dont la force infinie
Nous a garantis du trépas.

8.

Vous qui révérez sa puissance,
Soyez-moi témoins en ce lieu,
De la juste reconnaissance
Que j'ai des bienfaits de mon Dieu.
Quand ma bouche fait sa prière,
Ce grand Dieu répond à ma voix ;
Ainsi chaque jour j'ai matière
De le bénir cent et cent fois.

9.

S'il eût connu que l'injustice
Se fût mêlée à mes désirs,
Bien loin de m'être si propice,
Il eût méprisé mes soupirs.
Mais si vers lui je me retire,
Aussitôt il me tend la main ;
Et quoi que mon âme désire,
Mon Dieu me l'accorde soudain.

2. Tous les peuples viendront te rendre
Les hommages qui te sont dus;
Seigneur, on les verra répandre
Partout le bruit de tes vertus;
    Car ta providence
    Sans cesse dispense
    Ses bienfaits à tous,
    Et dans tes ouvrages
    Montre aux plus sauvages
    Un Dieu juste et doux.

Ps. 67.

3. Grand Dieu, tous les peuples du monde
Chanteront ton nom glorieux;
La terre en fruits sera féconde,
Ta main nous bénira des cieux.
Du Dieu qui nous aime
La bonté suprême
Nous fait prospérer;
Tout ce qui respire,
Dans son vaste empire,
Le doit révérer.

N° 27. PSAUME LXVIII.

Que Dieu se montre seu-lement, Et l'on ver-ra dans un mo-ment A-ban-don-ner la pla - ce; Le

Ps. 68.

14.

Israël, ton Dieu t'a fait voir
Et son amour et son pouvoir,
   Dans toute ta conduite :
Grand Dieu, montre encore en ce jour,
De ce pouvoir, de cet amour,
   Une constante suite.
Protége toujours ta cité ;
Et les rois, malgré leur fierté,
   Te viendront rendre hommage ;
Romps les dards de tes ennemis,
Et fais que, vaincus et soumis,
   Ils dépouillent leur rage.

16.

Louez ce Dieu si glorieux,
Qui voit sous ses pieds les hauts cieux
   Qu'il a formés lui-même,
Et de qui la tonnante voix
Fait trembler et peuples et rois
   Par sa force suprême.
Soumettez-vous à l'Éternel,
Reconnaissez qu'en Israël
   Sa gloire est établie,
Puisqu'on voit luire dans les airs,
Parmi la foudre et les éclairs,
   Sa puissance infinie.

N° 28. PSAUME LXXII.

7. Il entend les cris pitoyables
   Du pauvre languissant,
Et rend la vie aux misérables
   Par son secours puissant.
Il réprime la violence
   Des méchants furieux;
Des bons la vie et l'innocence
   Sont chères à ses yeux.

N° 29. PSAUME LXXVII.

2. Mon âme, dans sa souffrance,
   Refusait toute assistance;
   Mon Dieu même m'étonnait,
   Sitôt qu'il m'en souvenait.

Ps. 77.

    Plus je pensais en moi-même
    A sa justice suprême,
    Plus mon esprit agité
    Était en perplexité.

3. Seul, sans fermer les paupières,
   Je passais les nuits entières,
   Et j'étais comme aux abois,
   Sans usage de la voix.
   Sion, ta première gloire,
   Me revint en la mémoire;
   Et tous les siècles passés
   Furent par moi retracés.

4. De mes chants, avec tristesse,
   Je me souvenais sans cesse,
   Et mon cœur rempli d'ennuis,
   Soupirait toutes les nuits.
   Ma trop faible intelligence
   Cherchait avec diligence
   La cause de mon souci,
   Et je me plaignais ainsi :

5. L'Eternel cache sa face;
   Voudrait-il m'ôter sa grâce?
   Dois-je croire désormais
   Qu'il ne m'aimera jamais?
   Sa clémence si prisée
   Est-elle toute épuisée?
   La promesse de mon Dieu
   N'aura-t-elle plus de lieu?

Ps. 77.

6. Peut-il oublier lui-même
   Sa miséricorde extrême ?
   Et son courroux redouté
   Retiendra-t-il sa bonté ?
   C'est, ai-je dit, à cette heure
   Que mon Dieu veut que je meure ;
   Le Très-Haut a retiré
   La main qui m'a délivré.

7. Puis je repassais ma vue
   Sur sa gloire si connue
   Et sur mille grands exploits
   Que son bras fit autrefois.
   Toutes ses œuvres sacrées
   Par moi furent admirées ;
   Et dans le ravissement
   Je m'écriais hautement :

8. Grand Dieu, ce que tu sais faire
   Paraît dans ton sanctuaire ;
   Et quelle divinité
   S'égale à ta majesté ?
   Seigneur, toutes tes merveilles
   Sont grandes et sans pareilles,
   Et devant tous tu fais voir
   Jusques où va ton pouvoir.

2.

Nous les avons avec soin écoutées,
Quand nos aïeux nous les ont racontées;
A nos enfants nous les ferons connaître,
Et même à ceux qui sont encore à naître;
Nous leur dirons du Monarque des cieux
La force immense et les faits glorieux.

N° 31. PSAUME LXXXIV.

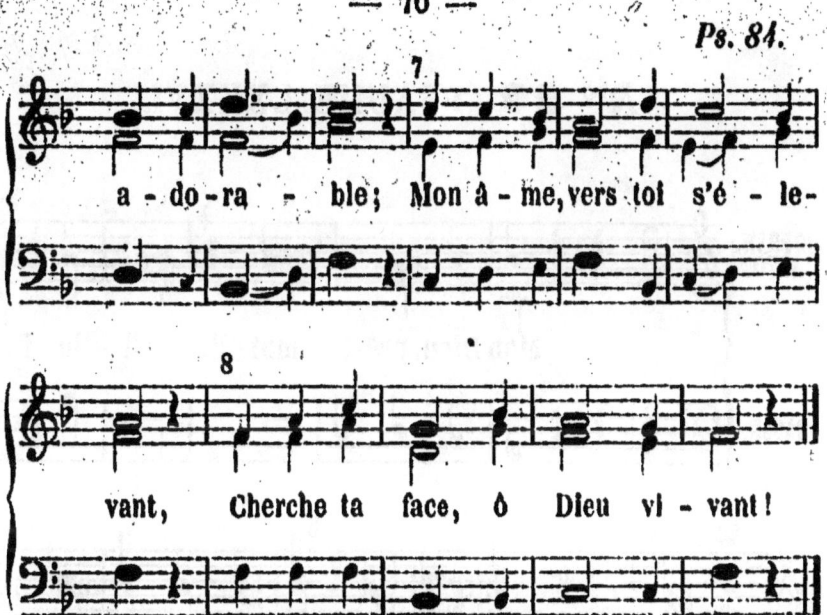

a - do - ra - ble; Mon â - me, vers toi s'é - le - vant, Cherche ta face, ô Dieu vi - vant!

2. Hélas! Seigneur, le moindre oiseau,
L'hirondelle, le passereau,
Trouveront chez toi leur retraite.
Et moi, dans mes ennuis mortels,
Je languis loin de tes autels;
C'est en vain que je m'y souhaite.
Heureux qui peut dans ta maison
Te louer en toute saison!

6. Qui veut en toi se confier
T'a pour soleil, pour bouclier;
Tu donnes la grâce et la gloire,
Tu couronnes l'intégrité
D'honneur et de félicité
Au delà de ce qu'on peut croire.
O mille et mille fois heureux
Celui qui t'adresse ses vœux!

Nº 32. PSAUME LXXXVI.

Ps. 86.

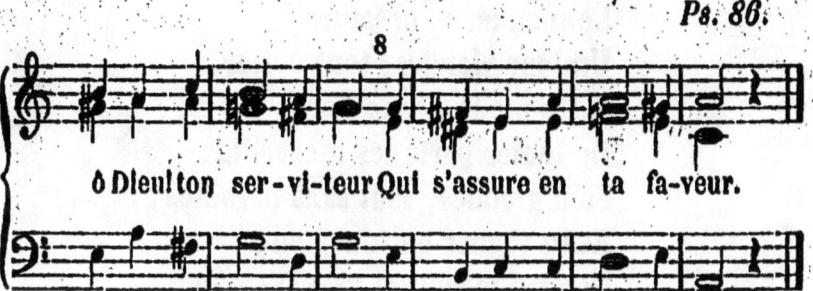

Ô Dieu! ton ser-vi-teur Qui s'assure en ta fa-veur.

2. Délivre-moi, par ta grâce,
   Du péril qui me menace;
   Quand, plein de zèle et d'amour,
   Je t'invoque nuit et jour.
   Veuille consoler mon âme,
   Qui sans cesse te réclame,
   Et qui vers toi, Dieu des dieux,
   S'élève jusques aux cieux.

3. Seigneur, ta grâce infinie,
   Au fidèle qui te prie,
   Fait ressentir tous les jours
   Les effets de ton secours.
   Puisqu'à toi seul je m'arrête,
   Seigneur, entends ma requête,
   Et, puisque j'espère en toi,
   Daigne prendre soin de moi.

4. A toute heure, en ma souffrance,
   J'implore ton assistance;
   Car ta pitié, chaque fois,
   Répond à ma triste voix.
   Est-il quelque Dieu semblable
   A toi, seul Dieu redoutable?
   Qui peut former tes projets?
   Qui peut imiter tes faits?

Ps. 86.

5. Sage auteur de la nature,
Le monde, ta créature,
Un jour viendra, tout entier,
A tes pieds s'humilier.
De toutes parts tes merveilles
Sont grandes, sont sans pareilles ;
Et tu règnes en tout lieu,
Comme le seul et vrai Dieu.

6. Seigneur, montre-moi ta voie ;
Fais que j'y marche avec joie ;
Et que, selon mon devoir,
Je révère ton pouvoir.
Mon Dieu, je bénis sans cesse
Et ta force et ta sagesse ;
Et je te célébrerai
Tant que je respirerai.

N° 33. PSAUME XC.

Tu fus toujours, Seigneur, notre re-trai-te,

2. D'un mot tu peux nos faibles corps dissoudre,
   En nous disant: Créatures mortelles,
   Cessez de vivre et retournez en poudre.
   Mille ans à toi, qui l'Éternel t'appelles,
   Sont comme à nous le jour d'hier qui s'enfuit,
   Ou seulement une veille en la nuit.

3. Dès que sur eux tu fais tomber l'orage,
   Ils s'en vont tous comme un songe qui passe,
   Qu'avec le jour un prompt réveil efface ;
   Ou comme aux champs on voit un vert herbage,
   Frais le matin dans sa plus belle fleur,
   Perdre le soir sa grâce et sa couleur.

7. Donne-nous donc, Seigneur, de bien entendre
   Combien est court le temps de notre vie;
   Pour désormais n'avoir plus d'autre envie,
   Que de pouvoir tes saintes lois apprendre.
   Reviens, hélas! combien languirons-nous?
   Montre à ton peuple un visage plus doux.

8. Qu'au point du jour ta bonté nous bénisse;
   Qu'à nos besoins sans cesse elle pourvoie;
   Que notre course heureusement finisse,
   Et que les pleurs fassent place à la joie.
   Enfin, au lieu de nos maux rigoureux,
   Rends-nous la grâce et des jours plus heureux.

N° 84. PSAUME XCV.

2. C'est le Dieu grand et glorieux,
   Le Roi des rois, le Dieu des dieux,
   Qui seul dans ses mains tient le monde;
   Qui domine sur les hauts monts
   Et dans les abîmes profonds,
   Maître de la terre et de l'onde.

3. La mer et ses eaux sont à lui,
   Il en est l'auteur et l'appui;
   La terre est aussi son ouvrage.
   C'est le Dieu qui nous forma tous;
   Allons adorer à genoux
   Un maître si grand et si sage.

4. Il est notre Dieu tout-puissant,
   Nous, son troupeau qu'on voit paissant
   Sous sa main qui nous est propice.
   Aujourd'hui qu'on entend sa voix,
   Prenez garde, au moins cette fois,
   Que votre cœur ne s'endurcisse!

No 35. PSAUME XCVII.

6.

Vous donc, qui servez Dieu,
En tout temps, en tout lieu,
Gardez-vous de mal faire;
Travaillez à lui plaire.
Il protége les saints;
Leur vie est dans ses mains:
Si l'on veut les frapper,
Il saura dissiper
Ces funestes desseins.

7.

Dieu, sur les hommes droits,
Qui pratiquent ses lois,
Fait lever sa lumière:
Il rend leur joie entière.
Vous donc, son peuple heureux,
Rallumez vos saints feux;
Célébrez du Seigneur
La force et la grandeur,
Et lui rendez vos vœux.

N° 86. PSAUME XCVIII.

2. Dieu de sa bonté secourable
A bien voulu se souvenir ;
Selon sa promesse immuable,
Il veut son peuple maintenir.
Le salut que Dieu nous envoie,
Jusqu'au bout du monde s'est vu ;
Que donc, d'allégresse et de joie,
L'univers entier soit ému.

N° 37. PSAUME C.

2. Sachez qu'il est le souverain,
   Qui, sans nous, nous fit de sa main,
   Nous, le peuple qu'il veut chérir,
   Et le troupeau qu'il veut nourrir.

3. Entrez dans son temple aujourd'hui;
   Venez vous présenter à lui;
   Célébrez son nom glorieux,
   Et l'élevez jusques aux cieux.

4. C'est un Dieu rempli de bonté,
   D'une éternelle vérité,
   Toujours propice à nos souhaits,
   Et sa grâce dure à jamais.

N° 38. PSAUME CI.

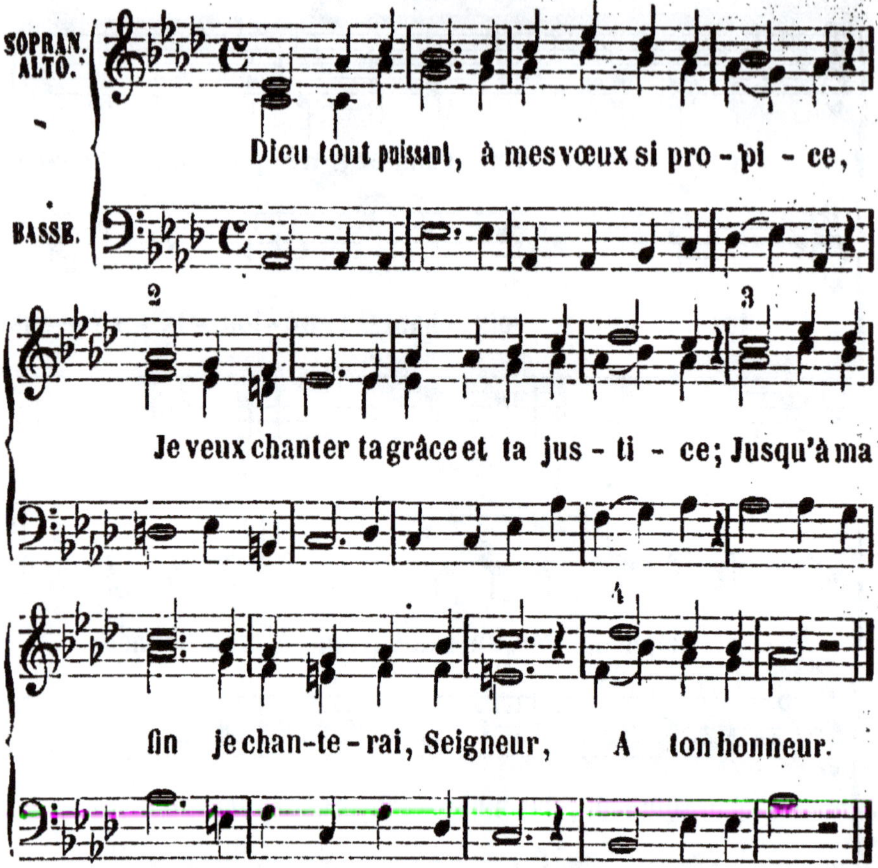
SOPRAN.
ALTO.
BASSE.
Dieu tout puissant, à mes vœux si pro - pi - ce,
Je veux chanter ta grâce et ta jus - ti - ce; Jusqu'à ma
fin je chan-te-rai, Seigneur, A ton honneur.

2. Viens donc, ô Dieu! soutiens-moi par ta grâce;
Tu me verras marcher devant ta face:
Dans ma maison la justice toujours
Aura son cours.

3. Jamais le mal ne séduira mon âme;
Car des méchants je hais la voie infâme:
Ils me craindront et n'oseront chercher.
A m'approcher.

4. Ceux qui suivront une route égarée,
Chez moi jamais n'auront aucune entrée;
On n'y verra nul d'entre eux écouté,
Ni supporté.

6. Les gens de bien, qui seuls me peuvent plaire,
Auront chez moi leur demeure ordinaire;
Et qui toujours le droit chemin tiendra,
Me servira.

N° 39. PSAUME CIII.

men-ce, Et compte i - ci tous les biens qu'il t'a faits.

2. C'est ce grand Dieu qui, par sa pure grâce,
De tes péchés les souillures efface,
Qui te guérit de toute infirmité ;
Du tombeau même il retire ta vie,
Et rend tes jours heureux, malgré l'envie,
T'environnant partout de sa bonté.

3. C'est ce grand Dieu, dont la riche largesse
Te rassasie, et fait qu'en ta vieillesse,
Ainsi qu'un aigle, on te voit rajeunir.
Aux opprimés il est doux et propice,
Et tous les jours sa suprême justice
Montre qu'il sait et sauver et punir.

5. Si quelquefois, abusant de sa grâce,
Nous l'offensons, il s'irrite, il menace :
Mais sa rigueur ne dure pas toujours ;
Il nous épargne, et sa juste vengeance
N'égale pas les peines à l'offense ;
Car sa bonté vient à notre secours.

6. A qui le craint, à qui pleure sa faute,
Cette bonté se fait voir aussi haute
Que sur la terre il éleva les cieux ;
Et, comme est loin le couchant de l'aurore,
Ce Dieu clément, quand sa grâce on implore,
Met loin de nous nos péchés odieux.

7. Comme à son fils un père est doux et tendre,
   Si notre cœur vient au Seigneur se rendre,
   Il nous reçoit avec compassion ;
   Car il connaît de quoi sont faits les hommes :
   Il sait, hélas ! il sait que nous ne sommes
   Que poudre et cendre, et que corruption.

8. Les jours de l'homme à l'herbe je compare,
   Dont à nos yeux la campagne se pare,
   Qu'un peu de temps a vu croître et mûrir,
   Et qui soudain, de l'aquilon battue,
   Tombe et se fane, et n'est plus reconnue,
   Même du lieu qui la voyait fleurir.

9. Mais tes faveurs, ô Dieu ! sont éternelles
   Pour qui t'invoque ; et toujours les fidèles,
   De siècle en siècle, éprouvent ta bonté.
   Dieu garde ceux qui marchent dans sa crainte,
   Ceux dont le cœur s'attache à sa loi sainte,
   Tous ceux enfin qui font sa volonté.

10. Dieu, qui des cieux voit tout ce qui respire,
    Dans ces lieux hauts a bâti son empire ;
    Tout l'univers est soumis à ses lois.
    Joignez-vous donc pour chanter ses louanges,
    Esprit divins, chœurs immortels des anges,
    Vous qui volez où commande sa voix.

11. Bénissez Dieu, sa céleste milice,
    Ministres saints, hérauts de sa justice,
    Qui de lui plaire êtes toujours soigneux ;
    Bénissez Dieu, tous les peuples du monde ;
    Vous cieux, toi terre, en mille biens féconde ;
    Bénis-le aussi, toi, mon âme, avec eux.

N° 40. PSAUME CX.

Ps. 110.

prê - me, Tes en - nemis sous tes pieds pour ja - mais.

prê - me, Tes en - nemis sous tes pieds pour ja - mais.

2. Le sceptre heureux de ton puissant empire
Va, de Sion, s'étendre en mille lieux;
Le Tout-Puissant lui-même te vient dire:
Règne, au milieu de tous tes envieux.

3. Au jour si saint de ta pompe éclatante,
Ton peuple prompt sous toi se rangera;
Tel qu'au matin la rosée abondante,
Dès ton printemps la terre il couvrira.

N° 41. PSAUME CXI.

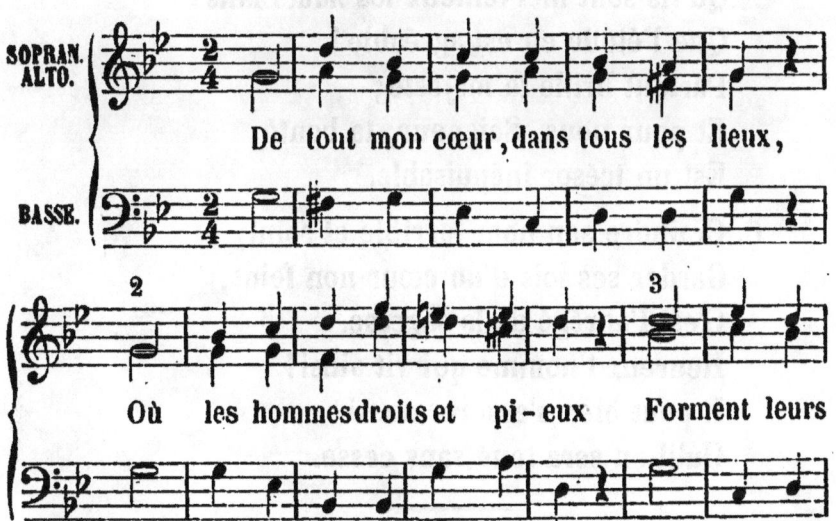

De tout mon cœur, dans tous les lieux,

Où les hommes droits et pi - eux Forment leurs

Ps. 111.

saintes as-sem-blé-es, Je rendrai mes vœux au Seigneur; Je cé-lé-brerai son honneur Par mil-le chansons re-dou-blé-es.

2. Qu'ils sont grands, ô Dieu, tes projets !
Qu'ils sont merveilleux tes hauts faits !
Que l'étude en est agréable !
Partout brille ta majesté ;
Et pour nous, Seigneur, ta bonté
Est un trésor inépuisable.

6. Craindre son nom terrible et saint,
Garder ses lois d'un cœur non feint,
C'est l'abrégé de la sagesse.
Heureux l'homme qui vit ainsi !
Il peut bien s'assurer aussi
Qu'il en sera loué sans cesse.

N° 42. PSAUME CXIII.

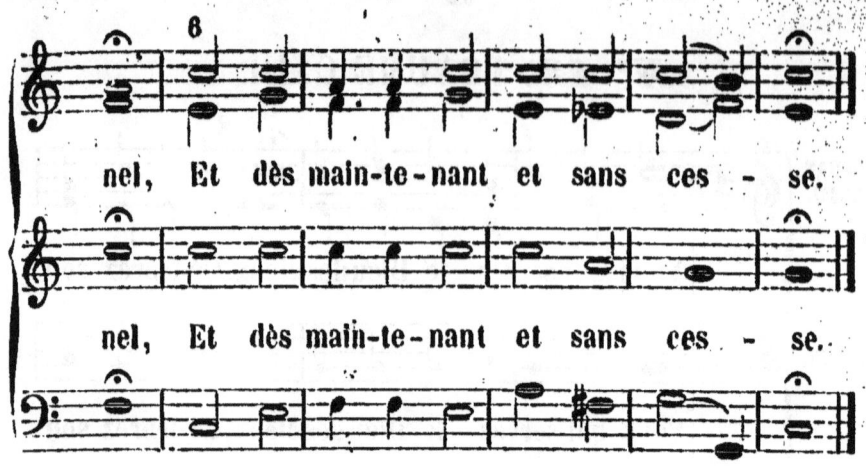

nel, Et dès main-te-nant et sans ces - se.

nel, Et dès main-te-nant et sans ces - se.

2.

D'Orient jusqu'en Occident
Son pouvoir se rend évident,
Digne de louange éternelle ;
Il s'élève au-dessus des cieux,
Sa vertu s'étend en tous lieux :
Qu'on chante sa gloire immortelle.

3.

Quel Dieu ressemble à notre Dieu,
Qui, tranquille dans ce haut lieu
Où sa voix forme le tonnerre,
Veut bien ses regards abaisser,
Et, toujours bon, daigne penser
A ce qui se fait sur la terre.

N° 43. PSAUME CXVI.

2. Je n'avais plus ni trêve ni repos ;
Déjà la mort me tenait dans ses chaînes,
Mon cœur souffrait les plus cruelles peines,
Quand je lui fis ma prière en ces mots :

3. Ah! sauve-moi du péril où je suis!
   Et dès lors même il me fut favorable.
   Il est toujours et juste et secourable,
   Et toujours prompt à calmer nos ennuis.

4. Quand j'étais prêt à périr de langueur,
   Il me sauva, ce Dieu que je réclame.
   Retourne donc en ton repos, mon âme,
   Puisqu'il te fait éprouver sa faveur.

5. Ta main puissante a détourné ma mort,
   Séché mes pleurs, soutenu ma faiblesse.
   Sous tes yeux donc je veux marcher sans cesse,
   Toute ma vie, ô mon Dieu, mon support!

7. Mais que rendrai-je à Dieu pour ses bienfaits?
   Ma main prendra la coupe des louanges;
   Ma voix fera jusqu'aux climats étranges
   De sa bonté retentir les effets.

8. Dès ce moment, je lui rendrai mes vœux
   Devant son peuple et dans son sanctuaire;
   Car de tous ceux qui cherchent à lui plaire,
   Les jours lui sont et chers et précieux.

9. Enfin, grand Dieu, tu sais ce que je suis,
   Ton serviteur, le fils de ta servante;
   Brisant mes fers, tu passes mon attente:
   Je veux au moins t'offrir ce que je puis.

10. Je veux toujours obéir à tes lois,
    Chanter ta gloire, invoquer ta puissance,
    Et devant tous, plein de reconnaissance,
    En hymnes saints faire éclater ma voix.

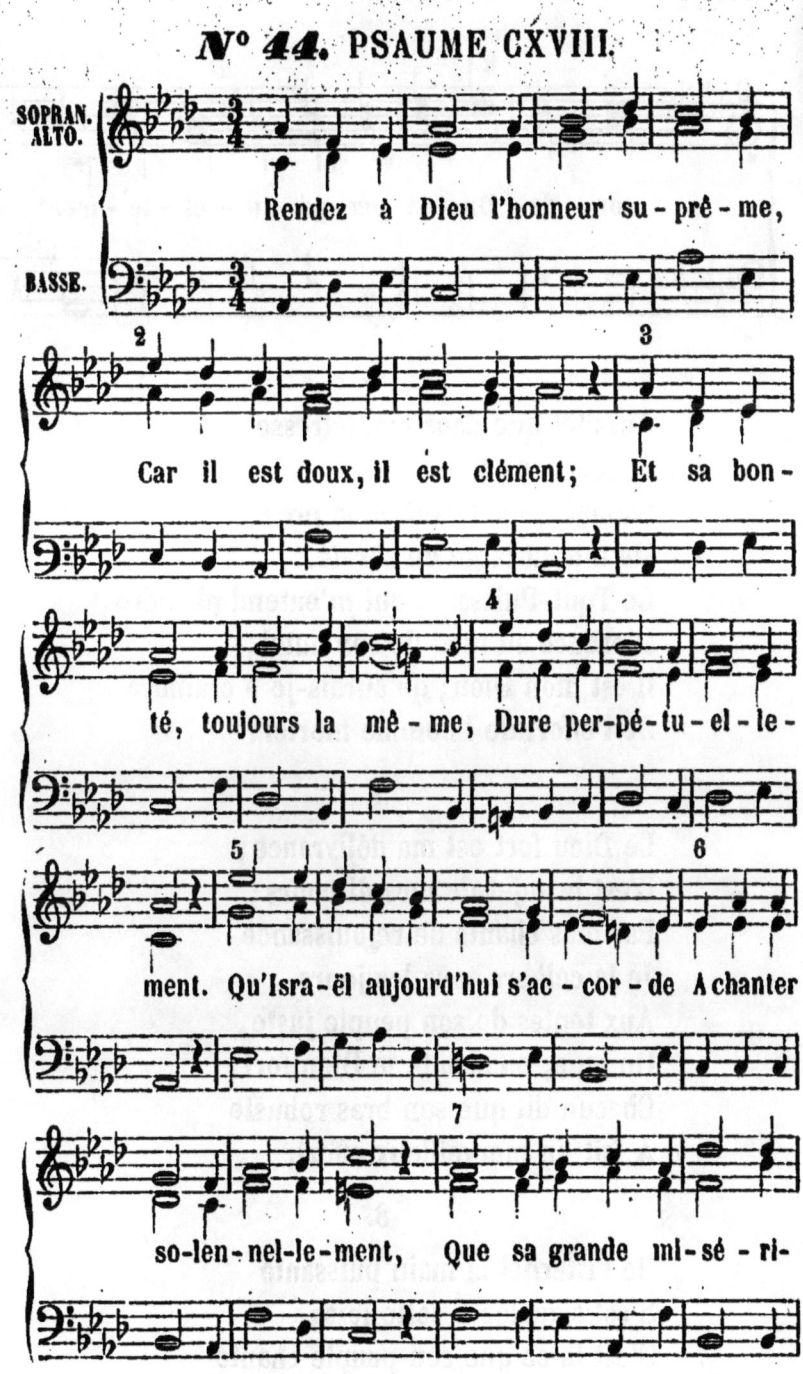

cor - de Du - re per - pé - tu - el - le - ment.

3.

Aussitôt que dans ma détresse
Je recourus à sa bonté,
Sa main, me tirant de la presse,
Me mit au large en sûreté.
Le Tout-Puissant, qui m'entend plaindre,
M'exauce au pied de son autel;
Il est mon Dieu; qu'aurais-je à craindre
De l'effort de l'homme mortel?

7.

Le Dieu fort est ma délivrance;
C'est le sujet de mes discours;
Par mes chants de réjouissance
Je le célèbre tous les jours.
Aux tentes de son peuple juste,
On loue, on chante le Dieu fort;
Chacun dit que son bras robuste
A fait un merveilleux effort.

8.

De l'Éternel la main puissante
S'est signalée à cette fois;
C'est là ce que son peuple chante
Tout d'un cœur et tout d'une voix.

Me voilà donc, malgré l'envie,
Des mains de la mort racheté;
Le Dieu fort m'a rendu la vie;
Je célébrerai sa bonté.

11.

La pierre qu'avaient méprisée
Les conducteurs du bâtiment,
A l'angle pour jamais posée,
En fait la force et l'ornement:
C'est sans doute une œuvre céleste,
Faite par le grand Dieu des cieux;
C'est un miracle manifeste
Qui vient éclater à nos yeux.

12.

La voici, l'heureuse journée
Qui répond à notre désir;
Louons Dieu qui nous l'a donnée,
Faisons-en tout notre plaisir.
Grand Dieu! c'est à toi que je crie:
Garde ton oint et le soutiens;
Grand Dieu! c'est toi seul que je prie:
Bénis ton peuple et le maintiens.

14.

Mon Dieu, c'est toi seul que j'honore;
Sans cesse je t'exalterai;
Mon Dieu, c'est toi seul que j'adore;
Sans cesse je te bénirai.
Rendez à Dieu l'honneur suprême,
Car il est doux, il est clément,
Et sa bonté, toujours la même,
Dure perpétuellement.

N° 45. PSAUME CXIX.

an-ce, Garde a-vec soin ses statuts pré-ci-eux, Dont il a fait son u-nique sci-en-ce!

2. Loin de se plaire à des faits odieux,
Le juste marche, ainsi que Dieu l'ordonne,
Par le chemin qu'il nous montra des cieux.
Tu veux, Seigneur, qu'en ce monde on s'adonne
A se former sur ton commandement,
Et que ta loi jamais on n'abandonne.

3. Mais, par ta grâce, ô Dieu juste et clément!
Guide mes pas où ta voix me convie,
Sans que jamais j'y bronche seulement.
Nul déshonneur ne troublera ma vie,
Si mon esprit, en ta voie arrêté,
De t'obéir ne perd jamais l'envie.

4. D'un cœur ouvert je dirai ta bonté,
Si j'en obtiens la grâce de comprendre
Tes jugements qui sont pleins d'équité ;
C'est là le but où mon âme veut tendre.
Mais j'ai besoin, dans mon infirmité,
De ton secours, sans qu'il se fasse attendre.

5. Les jeunes gens veulent-ils s'amender?
Dans ce dessein, qu'ils prennent pour adresse
Ce qu'il te plaît dans ta loi commander.
Pour moi, Seigneur, je te cherche sans cesse ;
Mais je pourrais m'égarer aisément,
Si je n'étais conduit par ta sagesse.

Ps. 119.

6. J'ai dans mon cœur gravé profondément
   Tes ordres saints pour ne te plus déplaire,
   Et j'ai tâché de vivre saintement.
   Ton nom est grand, et chacun le révère;
   Chacun te craint d'un cœur humilié.
   Rends-moi savant dans ta loi salutaire.

7. Ma voix, Seigneur, a toujours publié
   Les jugements de ta bouche équitable,
   Sans que j'en aie un seul point oublié;
   Ta discipline et ta loi véritable
   Ont fait ma joie, et je les veux chérir
   Plus qu'aucun bien de la terre habitable.

8. De tes édits je saurai discourir;
   Et si j'en ai la pleine connaissance,
   Dans tes sentiers on me verra courir;
   On me verra toujours avec constance
   Suivre ta voix; même plutôt mourir,
   Que d'oublier ta divine ordonnance.

9. Répands tes dons sur moi, ton serviteur;
   Ranime, ô Dieu! ma languissante vie;
   Je garderai tes lois de tout mon cœur.
   Rends la lumière à ma vue affaiblie;
   Sur tes édits j'attacherai mes yeux,
   Pour contempler ta grandeur infinie.

10. Comme étranger je voyage en ces lieux.
    Sers-moi de guide, et quelque part que j'aille,
    Conduis mes pas dans le chemin des cieux.
    Soir et matin mon esprit se travaille;
    Et sur ta loi veillant incessamment,
    Je crains qu'enfin le cœur ne me défaille.

14. Dès que j'aurai clairement entendu
    Ta volonté, que ta loi nous présente,
    A t'obéir j'aurai l'esprit tendu.
    Tu vois mon âme et triste et languissante;
    Je n'en puis plus; veuille me rassurer
    Par ta parole efficace et puissante.

Ps. 119.

15. Dans cet état où je puis m'égarer,
    Que ta clémence à mon secours envoie
    Un feu divin qui vienne m'éclairer.
    Je veux choisir la sûre et droite voie,
    Et mon esprit à tes lois attaché
    Incessamment les va suivre avec joie.

17. De tes statuts qui font tous mes souhaits,
    Daigne, Seigneur, le droit chemin m'apprendre ;
    J'y marcherai constamment désormais.
    Accorde-moi le don de les comprendre ;
    Et m'efforçant à les bien retenir
    Je tâcherai de ne m'y plus méprendre.

18. Conduis mes pas, et me fais parvenir
    Au droit sentier d'une vie innocente ;
    Rien ne me plaît comme de m'y tenir.
    Fléchis mon cœur par ta vertu puissante ;
    Qu'à te servir mes désirs soient bornés,
    Et que jamais nul faux bien ne me tente.

19. Que de tout mal mes yeux soient détournés ;
    Que je conduise et redresse ma vie
    Par les conseils que tu m'auras donnés ;
    Qu'enfin, Seigneur, ta grâce ratifie
    Ce que ta voix répondit à mes vœux,
    Puisqu'en toi seul mon âme se confie.

33. Sur moi, Seigneur, ta main a répandu
    Mille bienfaits, me tenant ta promesse,
    Comme toujours je m'y suis attendu.
    Éclaire-moi, soulage ma faiblesse,
    Puisque déjà je m'avance avec foi
    Dans les sentiers où ta bonté m'adresse.

34. Avant que d'être ainsi battu par toi,
    Je m'égarais, j'allais à l'aventure ;
    Mais maintenant je vis selon ta loi.
    O Dieu ! qui vois tous les maux que j'endure,
    Toujours si bon, si prompt à m'exaucer,
    Veuille m'instruire en ta doctrine pure.

Ps. 119.

36. Le plus grand bien que je pouvais avoir,
    C'était le mal dont j'eus l'âme pressée ;
    Avant cela j'ignorais mon devoir.
    D'or ou d'argent l'abondance amassée
    N'égale pas le bonheur de savoir
    La loi qu'aux tiens ta bouche a prononcée.

52. Que ta parole est un bien précieux !
    Dans sa douceur je me plais davantage
    Qu'au goût du miel le plus délicieux.
    Tes seuls conseils ont pu me rendre sage ;
    Ils m'ont appris combien sont odieux
    Tous les détours où le mensonge engage.

53. Ta vérité, comme un flambeau qui luit,
    Me sert de guide, et sa vive lumière
    Me vient montrer tes sentiers dans la nuit.
    Entends, Seigneur, mon ardente prière ;
    Je l'ai juré, je veux par-dessus tout
    Aimer ta loi d'une amour singulière.

65. Dans tes édits, Seigneur, sont contenus
    Tes grands secrets, ta sagesse profonde ;
    Aussi toujours je les ai retenus.
    Oui, dans ta loi tant de lumière abonde,
    Que dès l'entrée on en est éclairé,
    Et qu'elle instruit les plus simples du monde.

66. Hélas ! ma bouche a souvent soupiré,
    Dans le dessein que j'avais de te plaire ;
    Et constamment mon cœur l'a désiré.
    Avec pitié regarde ma misère ;
    Et, comme à ceux qui t'ont donné leur cœur,
    Fais-moi sentir ta grâce salutaire.

67. Conduis mes pas et me garde d'erreur ;
    Que ton esprit jamais ne m'abandonne,
    Et que le mal ne soit pas mon vainqueur.
    Vois le danger qui partout m'environne ;
    Délivre-moi de cette adversité,
    Et je ferai ce que ta loi m'ordonne.

Ps. 119.

83. Un doux repos est réservé pour ceux
  Qui sont soumis à ta loi souveraine;
  Et tout s'accorde à répondre à leurs vœux.
  C'est toi, Seigneur, qui peux finir ma peine;
  Aussi ta loi sera mon seul objet,
  Mon guide sûr et ma règle certaine.

84. A tes édits mon cœur se rend sujet,
  Et ne craint rien comme de te déplaire,
  T'aimant toujours d'un amour tout parfait.
  Suivre tes lois, c'est ma tâche ordinaire.
  Seigneur, qui vois ce que mon cœur promet,
  Tu sais aussi que mon zèle est sincère.

85. Fais que mon cri puisse aller jusqu'à toi;
  Accorde-moi le don d'intelligence,
  Tu l'as promis, Seigneur, exauce-moi.
  Que ma prière arrive en ta présence;
  Tends-moi la main dans mon adversité,
  Comme ta voix m'en donne l'espérance.

86. Ma bouche, ô Dieu! prêchera ta bonté,
  Si, m'exauçant, tu m'accordes la grâce
  De bien savoir ta sainte volonté;
  Je publîrai, quoi qu'on dise ou qu'on fasse,
  Ta loi si sainte, et dirai hautement
  Qu'avec plaisir j'en veux suivre la trace.

87. Veuille, Seigneur, veuille donc promptement,
  Pour mon secours, ta forte main étendre;
  Car je m'attache à ton commandement.
  C'est de toi seul que je veux tout attendre;
  Et désormais mon unique plaisir
  Sera celui qu'en ta loi je veux prendre.

88. Si j'ai de vivre encor quelque désir,
  C'est pour ta gloire, et mon âme éclairée
  Pour son objet veut toujours la choisir.
  Hélas! je suis la brebis égarée.
  De me chercher, Seigneur, prends le loisir,
  Car dans le cœur ta loi m'est demeurée.

Nº 46. PSAUME CXXX.

te ré-veil-le, Seigneur, il en est temps.

2.

Si ta rigueur extrême
Nos péchés veut compter,
O Majesté suprême !
Qui pourra subsister ?
Mais ta juste colère
Fait place à ta bonté,
Afin qu'on te révère
Avec humilité.

3.

En Dieu je me console
Dans mes plus grands malheurs,
Et sa ferme parole
Apaise mes douleurs.
Mon cœur vers lui regarde,
Brûlant d'un saint amour,
Plus matin que la garde
Qui devance le jour.

N° 47. PSAUME CXXXVIII.

2. Ton nom est célèbre à jamais
　　　　Par les effets
　　　　De tes paroles.
Quand je t'invoque tu m'entends,
　　　　Quand il est temps
　　　　Tu me consoles.
Tous les rois viendront à tes pieds,
　　　　Humiliés,
　　　　Prier sans cesse,
Sitôt qu'ils auront une fois
　　　　Ouï la voix
　　　　De ta promesse.

3. Ils rempliront par leurs concerts
　　　　Tout l'univers
　　　　De tes louanges.
Les peuples qui les entendront
　　　　Admireront
　　　　Tes faits étranges.

Ps. 138.

O grand Dieu! qui, de tes hauts cieux,
Dans ces bas lieux
Vois toutes choses,
Quoique tu sembles être loin,
C'est sur ton soin
Que tout repose.

4. Si mon cœur, dans l'adversité,
Est agité,
Ta main m'appuie;
C'est ton bras qui sauve des mains
Des inhumains
Ma triste vie.
Quand je suis le plus abattu,
C'est ta vertu
Qui me relève;
Ce qu'il t'a plu de commencer,
Sans se lasser
Ta main l'achève.

N° 48. PSAUME CXXXIX.

Grand Dieu, tu vois ce que je suis, Ce que je

Ps. 139.

2. Soit que je marche, ou sois couché,
   Je ne te suis jamais caché :
   Ta vue éclaire mon sentier,
   Et tu me connais tout entier;
   Tu sais, sans que je les profère,
   Tous les discours que je veux faire.

3. Lorsque je vais, lorsque je viens,
   Je me sens pris dans tes liens;
   Seigneur, ton pouvoir souverain
   Me tient en tous lieux sous ta main;
   Et comment pourrait ma faiblesse
   Atteindre à ta haute sagesse?

4. Si ton esprit veut me chercher,
   Où fuirai-je pour me cacher?
   Puis-je me sauver devant toi?
   Si je monte aux cieux, je t'y voi;
   Et si je descends dans l'abîme,
   T'y voilà pour punir mon crime.

5. Quand l'aurore m'aurait prêté
   Ses ailes, sa rapidité,
   Et que j'irais traversant l'air
   Aux bords opposés de la mer;
   Ta main, s'il te plaît de l'étendre,
   Viendra m'y poursuivre et m'y prendre.

6. Si je dis : « La nuit, pour le moins,
   « Me cachant aux yeux des témoins,
   « De son ombre me couvrira; »
   La nuit même m'éclairera :
   Car l'ombre la plus ténébreuse
   Est pour toi claire et lumineuse.

N° 49. PSAUME CXLVI.

2. N'ayez jamais d'espérance
En aucun pouvoir humain;
C'est une faible assurance
Que le bras de l'homme vain;
Le jour qu'il expirera,
En poudre il retournera.

3. Avec lui s'évanouissent
Ses projets ambitieux;
Mais heureux ceux qu'affermissent
Les mains du Dieu glorieux;
Heureux qui, pour tout secours,
A Dieu seul a son recours!

N° 50. PSAUME CL.

Peuples, lou-ez le grand Dieu Qui réside en son saint lieu; Lui qui d'un mot seu-lement

3. Jusque dans l'éternité,
   Qu'on célèbre sa bonté,
   Et que son nom glorieux
   Soit élevé jusqu'aux cieux.
   Qu'enfin tout ce qui respire,
   Qui vit, qui peut se mouvoir,
   Chante avec moi son pouvoir
   Et son glorieux empire!

DEUXIÈME PARTIE.

ANCIENS CANTIQUES.

CANTIQUE 1.

CANTIQUE DE ZACHARIE.

POUR LE JOUR DE NOËL.

cris et de no-tre mi-sè-re, Dans nos pressants be-soins s'est montré no-tre pè-re!

2. Dans ses compassions il nous a visités ;
Par son bras invincible il nous a rachetés ;
Et, malgré nos péchés, ce Dieu tendre et propice
A fait lever sur nous le soleil de justice.

3. La maison de David, ce grand roi des Hébreux,
Nous donne dans ce jour un Sauveur glorieux,
Qui vient nous affranchir d'un funeste esclavage
Et nous faire obtenir un céleste héritage.

12. Les peuples qui marchaient dans l'ombre de la mort,
Vont être illuminés et changeront de sort ;
Leurs yeux seront ouverts par sa vive lumière ;
Ils connaîtront leur Dieu, leur Sauveur et leur Père.

13. Il conduira nos pas au chemin de la paix,
Et ce divin Sauveur remplira nos souhaits.
Nous l'aimerons toujours, nous lui serons fidèles,
Et nous vivrons heureux à l'ombre de ses ailes.

CANTIQUE 2.

POUR LE JOUR DE NOEL.

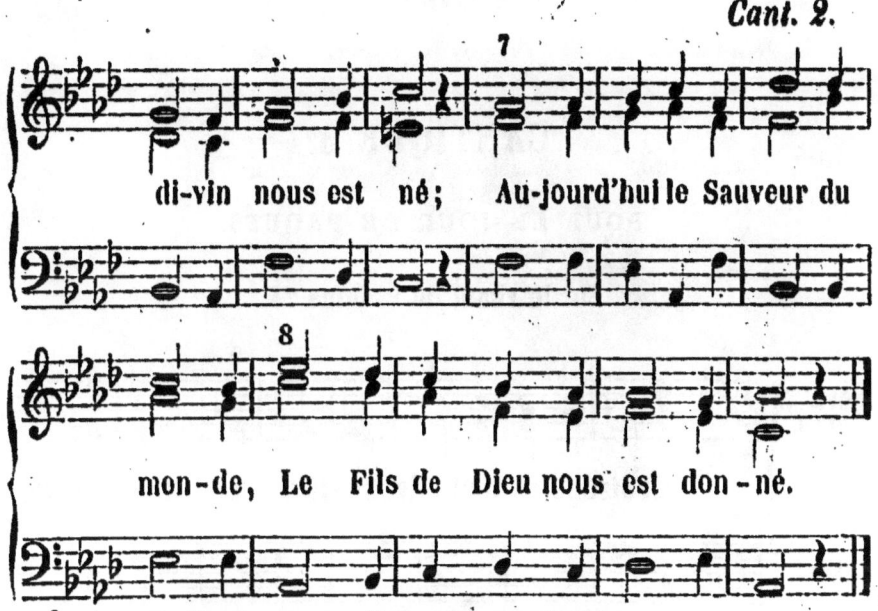

di-vin nous est né; Aujourd'hui le Sauveur du monde, Le Fils de Dieu nous est don-né.

3. Il n'a pour palais qu'une étable,
   Et qu'une crèche pour berceau;
   Mais cet Enfant incomparable
   Fait briller un astre nouveau.
   A sa naissance les saints anges
   Font ouïr leurs voix dans ces lieux,
   Ils disent, chantant ses louanges,
   Gloire soit à Dieu dans les cieux!

4. Mortels, la Maître du tonnerre
   Contre vous n'est plus irrité;
   La paix va régner sur la terre;
   Dieu pour vous est plein de bonté.
   Joignons notre sainte harmonie
   A leurs concerts mélodieux;
   Louons le Prince de la vie,
   Qui vient se montrer à nos yeux.

5. Approchons-nous avec les Mages
   Du berceau de notre Sauveur;
   Rendons-lui nos justes hommages,
   Et présentons-lui notre cœur.
   L'or et l'encens de l'Arabie
   Plaisent bien moins à notre Roi,
   Que la sainteté de la vie,
   Qu'un cœur plein d'amour et de foi.

CANTIQUE 3.

POUR LE JOUR DE PAQUES.

Sur le chant du Psaume 24.

Faisons retentir dans ce lieu Le sacré nom de notre Dieu, Et de Jésus, le Roi de gloi-re. Il a vaincu nos en-nemis; Sa-tan, la mort lui sont soumis; An-nonçons partout sa vic-toi-re.

2. Ne cherchons plus dans le tombeau
Jésus qui, pour son cher troupeau,
A souffert une mort cruelle;
Cet invincible Rédempteur
Du sépulcre est sorti vainqueur,
Et vit d'une vie immortelle.

3. C'est lui qui nous a mérité
Par sa mort l'immortalité,
Et son sang a lavé nos crimes.
Il nous fait sacrificateurs;
Offrons-lui nos corps et nos cœurs:
Il ne veut point d'autres victimes.

CANTIQUE 4.

POUR LE JOUR DE PAQUES.

En-tonnons dans ce jour un canti-que nou-veau A l'honneur de Jé-sus qui sort de son tombeau.
Il a de no-tre juge a-paisé la co-lè-re.

Cant. 1.

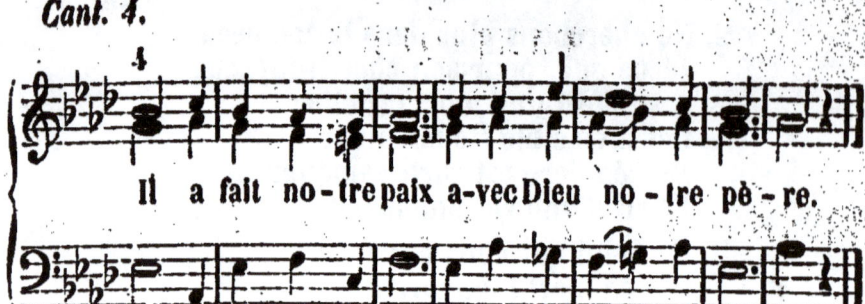

Il a fait no-tre paix a-vec Dieu no-tre pè-re.

2. Pour nous, ce Fils de Dieu s'est revêtu d'un corps;
Pour nous il est entré dans le séjour des morts,
Après avoir souffert une peine infinie,
Et perdu sur la croix son innocente vie.

3. Publions son triomphe, il est ressuscité;
Il règne dans le ciel tout plein de majesté;
Les esprits bienheureux, qui contemplent sa gloire,
Célèbrent ses vertus, ses combats, sa victoire.

4. Ressuscitons, chrétiens, avec notre Sauveur;
Suivons ce divin chef, ce glorieux vainqueur;
Et détachons nos cœurs des choses de la terre,
Dont la gloire et les biens n'ont que l'éclat du verre.

5. Élevons nos esprits vers les biens éternels.
Si nous sommes ici malheureux et mortels,
Sachons que notre vie avec Christ est cachée
Dans le sein du Très-Haut qui nous l'a destinée.

6. Quand notre Rédempteur redescendra des cieux,
Nous paraîtrons alors avec lui glorieux;
Le voyant tel qu'il est, nous lui serons semblables,
Et nous célébrerons ses bontés ineffables.

CANTIQUE 5.

POUR LE JOUR DE PAQUES,

Sur le chant du Psaume 24.

2. Célébrons tous la charité
De ce Sauveur ressuscité;
Et disons avec les saints anges :
Digne est l'Agneau de recevoir
Hommage, honneur, force, pouvoir,
Gloire, richesses et louanges.

CANTIQUE 6.

POUR LE JOUR DE L'ASCENSION.
Sur le chant du Psaume 110.

Que ce spectacle est grand et glorieux!

2. Il monte au ciel, porté sur une nue,
Et tout en lui nous marque sa grandeur.
Satan soumis, la mort même vaincue,
Sont les captifs qui suivent ce vainqueur.

PAUSE.

5. C'est donc au ciel qu'est Jésus notre frère,
Notre avocat, notre chef, notre époux,
Le Rédempteur en qui notre âme espère :
Ah! quelle gloire et quel honneur pour nous!

6. Il est allé nous y préparer place,
Et de ce haut et bienheureux séjour
Il nous fait part de son esprit de grâce
Et des effets de son plus tendre amour.

7. Suivons-le tous, animés d'un saint zèle ;
N'arrêtons plus nos cœurs dans ces bas lieux ;
Ce doux Sauveur lui-même nous appelle,
Et nos vrais biens sont cachés dans les cieux.

8. Un jour Jésus, du trône de sa gloire,
Viendra juger les vivants et les morts,
Et remporter sa dernière victoire
En ranimant la poudre de nos corps.

CANTIQUE 7.

POUR LE JOUR DE LA PENTECOTE.

Sur le chant du Psaume 66.

Cé - lé - brons tous, par nos lou - an - ges, Le Pè-re de no-tre Sau-veur; Le Roi des hom - mes et des An - ges, La sour-ce de no - tre bon-heur. Sa mi - sé - ri-corde est im - men- se;

Il a répandu dans ce jour
Sur son église, en abondance,
L'Esprit du Fils de son amour.

2.

Avant que ce Maître du monde
Eût créé la terre et les cieux,
Avant qu'il fît la mer profonde,
Il pensait à nous rendre heureux.
Il nous a destiné sa gloire,
Par un effet de sa bonté;
Mais pour en jouir il faut croire,
Et vivre dans la sainteté.

3.

Ce Dieu tout bon, tout adorable,
Pour ses enfants nous a choisis;
Il nous veut nourrir à sa table,
Et nous y donner son cher Fils.
Ce Fils, par son obéissance,
Nous obtient des biens éternels;
Son sang est notre délivrance,
Et sa mort nous rend immortels.

Cant. 7.

4.

Pour dissiper notre ignorance
Et fléchir notre dureté,
Il nous donne sa connaissance
Par son Esprit de vérité ;
Cet Esprit, que Christ nous envoie,
Nous scelle pour le dernier jour ;
Il produit la paix et la joie,
La foi, l'espérance et l'amour.

5.

Jésus nous le donne pour gage
De son immense charité ;
C'est l'arrhe du riche héritage
Que son sang nous a mérité.
O Seigneur ! selon ta promesse,
Répands sur nous, pauvres humains,
L'Esprit de grâce et de sagesse
Qui règle l'œuvre de nos mains.

6.

Que cet Esprit, dans nos prières,
Élève nos cœurs jusqu'aux cieux ;
Que, par ses divines lumières,
Cet Esprit éclaire nos yeux.
Alors, avec tous les fidèles,
Nous comprendrons quels sont les biens
Et les richesses éternelles
Que ta bonté réserve aux tiens.

CANTIQUE 8.

POUR LE JOUR DE LA PENTECOTE.

Sur le chant du Psaume 24.

Unissons nos cœurs et nos voix Pour célébrer le Roi des rois. C'est une source inépuisable; Il nous fait des biens infinis; En son Fils il nous a bénis, Et nous a reçus à sa table.

2. Chrétiens, ne contristons jamais
L'Esprit de lumière et de paix;
Consacrons toute notre vie
Au Père notre Créateur,
A son cher Fils notre Sauveur,
A l'Esprit qui nous sanctifie.

CANTIQUE 9.

POUR LA COMMUNION DE SEPTEMBRE.

Sur le chant du Psaume 32.

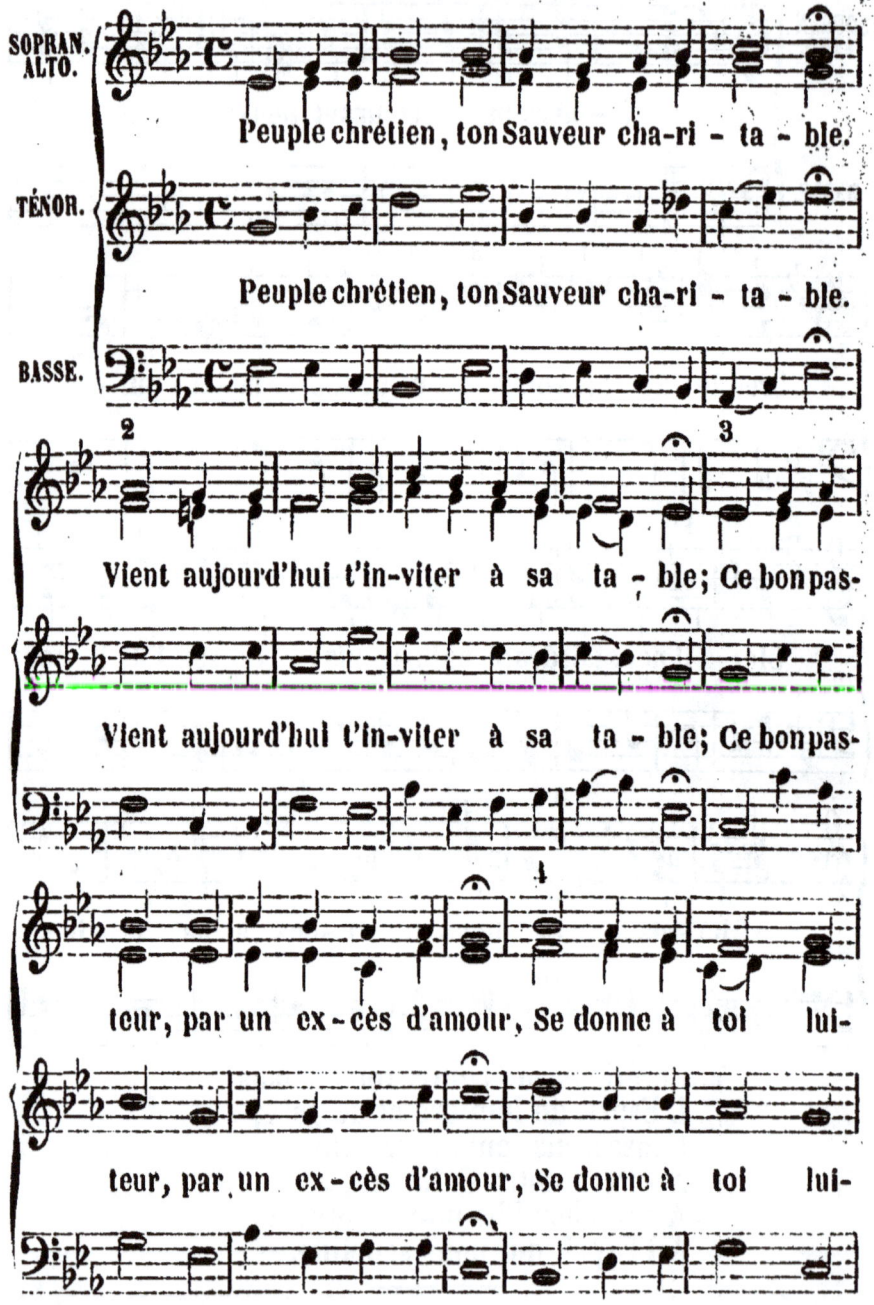

Peuple chrétien, ton Sauveur cha-ri-ta-ble Vient aujourd'hui t'in-viter à sa ta-ble; Ce bon pasteur, par un ex-cès d'amour, Se donne à toi lui-

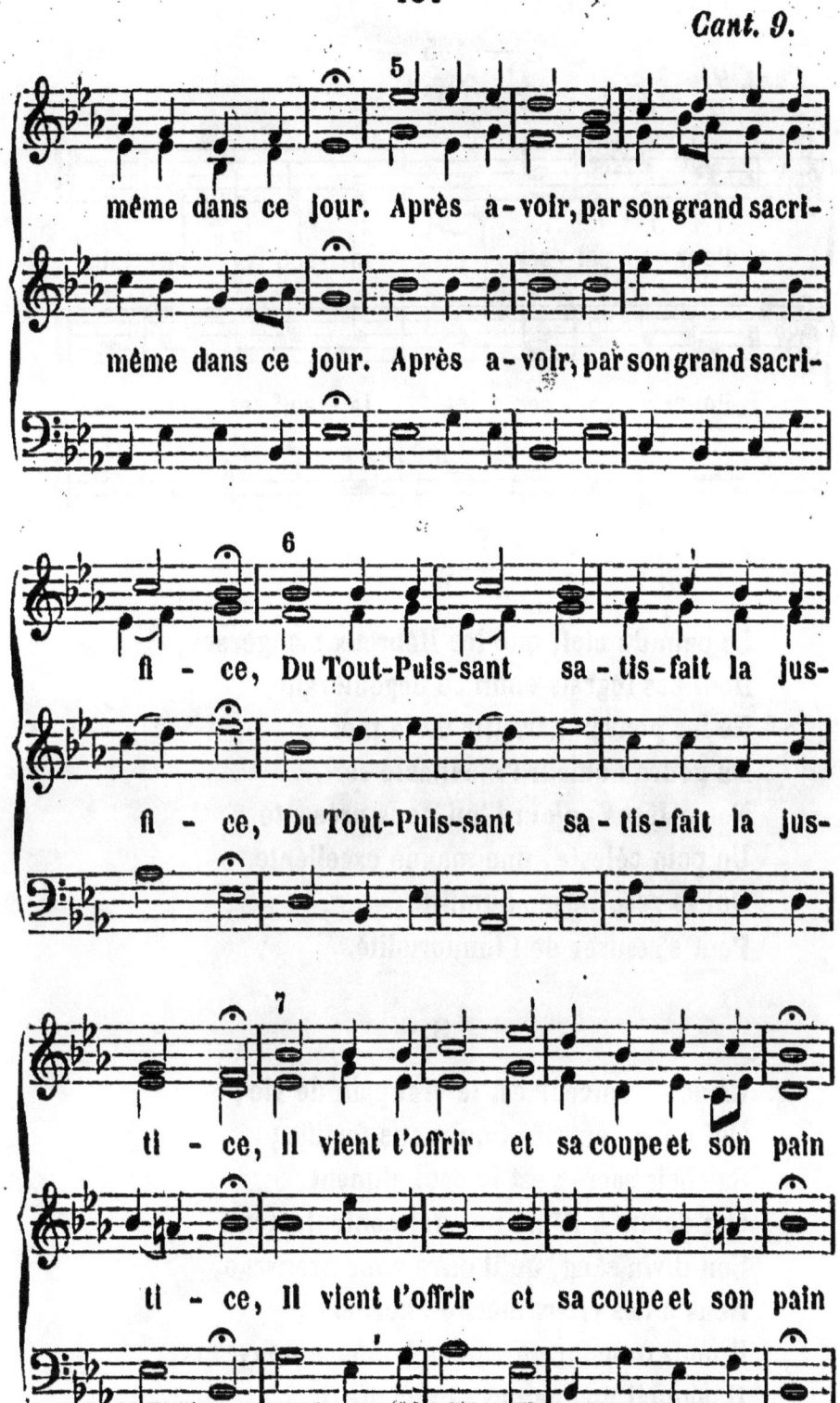

Cant. 9.

Pour a-pai-ser et ta soif et ta faim.

Pour a-pai-ser et ta soif et ta faim.

2.

Le pain du ciel, que les Hébreux mangèrent,
Dont ces ingrats enfin se degoûtèrent,
Ne les pouvait garantir de la mort,
Du genre humain l'inévitable sort.
Notre Jésus aujourd'hui nous présente
Un pain céleste, une manne excellente.
Qui le reçoit avec humilité,
Peut s'assurer de l'immortalité.

3.

Ce doux Sauveur est le vrai pain de vie,
Qui nous nourrit et qui nous fortifie;
Sa chair sacrée est le seul aliment
Qui donne à l'âme un vrai contentement.
Son divin sang, qu'il offre pour breuvage,
Nous a des cieux mérité l'héritage;
Il nous transforme en des hommes nouveaux;
Il adoucit nos peines et nos maux.

4.

Quiconque en boit n'a plus l'âme altérée
Ni d'honneurs vains et de courte durée,
Ni de trompeurs et criminels plaisirs;
Il sait en Dieu borner tous ses désirs,
Il meurt au monde, il renonce à soi-même,
Il ne vit plus que pour Jésus qu'il aime;
Il est toujours prêt à sacrifier
Ses biens, ses jours pour le glorifier.

5.

Mais qui pourrait ainsi manger et boire
Le corps sacré, le sang du Roi de gloire?
C'est le chrétien qui, plein de charité
Croit en Jésus mort et ressuscité;
Qui, s'appliquant son parfait sacrifice,
Cherche en lui seul sa vie et sa justice.
Heureux celui qui reçoit dans son cœur
Ce glorieux et divin Rédempteur!

6.

Heureux celui qui t'est toujours fidèle,
Seigneur Jésus, et qui, brûlant de zèle,
Te suit partout, t'embrassant par la foi !
A qui peut-on, Seigneur, aller qu'à toi?
Tu nous promets une vie éternelle;
Tu nous promets une gloire immortelle;
Toi seul nous peux faire entrer dans les cieux.
C'est vers toi seul que nous tournons les yeux.

CANTIQUE 10.

POUR LA COMMUNION DE SEPTEMBRE.
Sur le chant du Psaume 24.

2. Enflamme-nous d'amour pour toi ;
Imprime dans nos cœurs ta loi ;
Fais que notre étude ordinaire
Soit de méditer tes bienfaits,
Et que nous n'ayons désormais
D'autre désir que de te plaire.

CANTIQUE 11.

POUR LOUER DIEU.

TE DEUM.

Grand Dieu, nous te lou-ons; nous t'a-do-rons, Seigneur; Et nous vou-lons chan-ter une hymne à ton hon-neur. É-ter-nel, l'u-ni-vers te craint et te ré-vè-re Com-me

son cré - a - teur, son monarque et son pè - re.

2. Les trônes, les vertus, les esprits bienheureux,
   Qui sont les spectateurs de tes faits merveilleux,
   Le chœur des séraphins, des chérubins, des anges,
   Sans jamais se lasser célèbrent tes louanges.

3. Saint, saint, saint, disent-ils, dans leurs sacrés concerts
   Est le Dieu des combats, le Roi de l'univers;
   Ta gloire et ta grandeur remplissent tout le monde;
   Tout marque ton pouvoir, le ciel, la terre et l'onde.

4. Tous prêchent ta puissance et ta fidélité,
   Ta sagesse infinie et ta grande bonté:
   Tes apôtres, tes saints, tes martyrs, tes prophètes,
   Tes ministres sacrés, tes divins interprètes.

5. L'Église qui combat, répandue en tous lieux,
   Et celle qui déjà triomphe dans les cieux,
   A toi, Père éternel, à ta parfaite image,
   Ton Fils, ton bien-aimé, tous viennent rendre hommage.

6. Tous célèbrent ton nom, ô notre Rédempteur!
   Tous louent ton Esprit, notre consolateur.
   O Jésus! Roi de gloire, unique Fils du Père,
   Tu t'es fait notre époux, notre chef, notre frère.

7. Pour nous faire jouir d'un bonheur éternel,
   Tu n'as point refusé de prendre un corps mortel,
   Et tu t'es incarné, pour sauver tout le monde,
   Dans l'humble et chaste sein d'une vierge féconde.

8. Tu t'es anéanti, toi, puissant Roi des rois,
   Jusqu'à souffrir la mort sur un infâme bois;
   Mais, brisant l'aiguillon de cette mort cruelle,
   Toi seul nous as acquis une gloire immortelle.

9. Toi seul nous as ouvert le royaume des cieux,
   Où tu règnes, Seigneur, assis dans ces hauts lieux,
   Sur un trône éclatant, à la droite du Père,
   Toujours environné des anges de lumière.

10. C'est toi qui dois un jour ressusciter nos corps,
    Et tu viendras juger les vivants et les morts.
    A tes chers serviteurs subviens par ta clémence;
    Déploie en leur faveur ton bras et ta puissance.

11. Tu les a rachetés par ton sang précieux;
    De tous leurs ennemis rends-les victorieux;
    Sauve ton peuple, ô Dieu! bénis ton héritage,
    Que ta gloire et ton ciel soient un jour leur partage!

12. Seigneur, par ton Esprit, conduis tes chers enfants,
    Et répands sur eux tous tes bienfaits en tout temps.
    Nous voulons désormais employer notre vie
    A louer hautement ta grandeur infinie.

13. Garde-nous de pécher contre toi dans ce jour;
    Embrase tous nos cœurs du feu de ton amour;
    Exauce-nous, pardonne, Éternel, fais-nous grâce;
    Dans nos pressants besoins tourne sur nous ta face!

14. Nous n'espérons, ô Dieu! qu'en ta grande bonté;
    Toi seul peux nous aider dans notre adversité,
    Rendre nos jours heureux et notre âme contente:
    Nous ne serons jamais confus dans notre attente.

CANTIQUE 12.

POUR LE PREMIER JOUR DE L'ANNÉE.
Sur le chant du Psaume 129.

té Te con-sa-crer cet-te nouvelle an- né - e.

té Te con-sa-crer cet-te nouvelle an- né - e.

3 Le ciel, la terre, et tout ses habitants,
  Prêchent partout ta puissance infinie;
  C'est de toi seul que dépendent nos ans,
  Nos mois, nos jours, nos moments, notre vie.

5. Nous gémissons, ô notre divin Roi!
   D'avoir commis dès la plus tendre enfance
   Tant de péchés contre ta sainte loi,
   Et provoqué ta sévère vengeance.

7. Nous te venons promettre, dans ce jour,
   Pour ton service une ardeur éternelle,
   Un cœur nouveau, brûlant d'un saint amour,
   Toujours soumis, zélé, pur et fidèle.

10. Enseigne-nous que tout est vanité,
    Et qu'il n'est rien ici-bas de durable;
    Que les grandeurs, les plaisirs, la beauté,
    Tout passe enfin, et tout est périssable.

11. Fais-nous connaître et comprendre, Seigneur,
    Que notre vie est un torrent rapide,
    Une ombre, un songe, un éclair, une fleur,
    Une vapeur qui n'a rien de solide.

12. Rends cette année heureuse à tes enfants,
    De mille biens qu'elle soit couronnée;
    Que tes élus soient toujours triomphants,
    Et réjouis ton Église affligée.

CANTIQUE 13.

CANTIQUE DE MARIE.

POUR LES FÊTES DE NOEL.

Sur le chant du Psaume 8.

Mon cœur, rem-pli des biens que Dieu m'en-voi-e, Ne peut ca-cher les transports de sa joi-e; Mon â-me loue et bé-nit mon Sei-

Cant. 13.

gneur, Et mon es-prit s'égale en mon Sau-veur.

gneur, Et mon es-prit s'égale en mon Sau-veur.

2. Le Dieu vivant, malgré ma petitesse,
Ma pauvreté, mon néant, ma bassesse,
A bien voulu sur moi jeter les yeux,
Et rend mon sort pour toujours glorieux.

4. Son nom est saint; les séraphins, les anges
Font retentir ses divines louanges;
Son nom remplit et la terre et les cieux,
Sa gloire éclate et triomphe en tous lieux.

5. Heureux celui qui le craint et l'adore,
Qui son secours avec ardeur implore!
Tous ceux qui font sa sainte volonté,
De siècle en siècle éprouvent sa bonté.

7. Des orgueilleux il confond les pensées;
Et, réprimant leurs fureurs insensées,
Il humilie et dompte leur fierté,
Et les punit de leur impiété.

9. Il enrichit les pauvres qui le craignent;
Il les entend aussitôt qu'ils se plaignent;
Il les nourrit quand ils sont affamés;
Il les soutient lorsqu'ils sont opprimés.

CANTIQUE 14.

POUR LE JOUR DE LA PENTECÔTE.

Sur le chant du Psaume 84.

Esprit saint notre créateur, Et notre grand consolateur, Rends-toi le maître de nos âmes; Esprit du Dieu de vérité, Éclaire-nous par ta clarté, Et nous

2. Humilie et change nos cœurs,
Règle notre vie et nos mœurs;
Produis dans nous la repentance,
Une parfaite humilité,
Une sincère charité,
Une constante patience;
Opère dans nous puissamment,
Et fais-nous vivre saintement.

4. Divin Esprit, ne permets pas
Que le monde et tous ses appas
Puissent nous corrompre et séduire;
Veuille inspirer à nos esprits
Un grand et généreux mépris
Pour tout ce que le monde admire;
Fais-nous penser incessamment
A notre mort, au jugement.

CANTIQUE 15.
CANTIQUE DE SIMÉON.

2. Salut qu'en l'univers,
Tant de peuples divers
Vont recevoir et croire;
Ressource des petits,
Lumière des Gentils,
Et d'Israël la gloire.

TROISIÈME PARTIE.

NOUVEAUX CANTIQUES.

CANTIQUE 16.

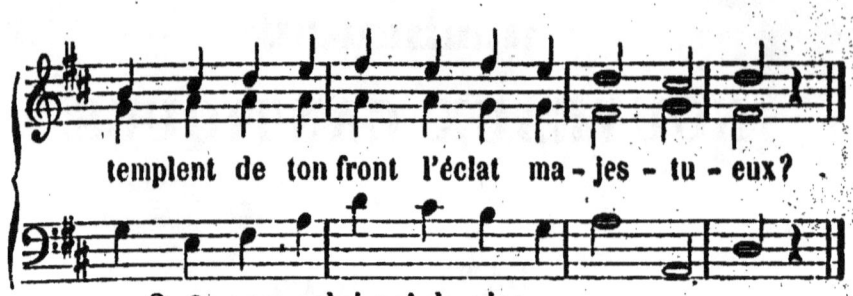

templent de ton front l'éclat ma - jes - tu - eux?

2. Ce sera celui qui du vice
Évite le sentier impur,
Qui marche d'un pas ferme et sûr
Dans le chemin de la justice :
Attentif et fidèle à distinguer sa voix,
Intrépide et sévère à maintenir ses lois.

CANTIQUE 17.

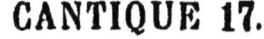

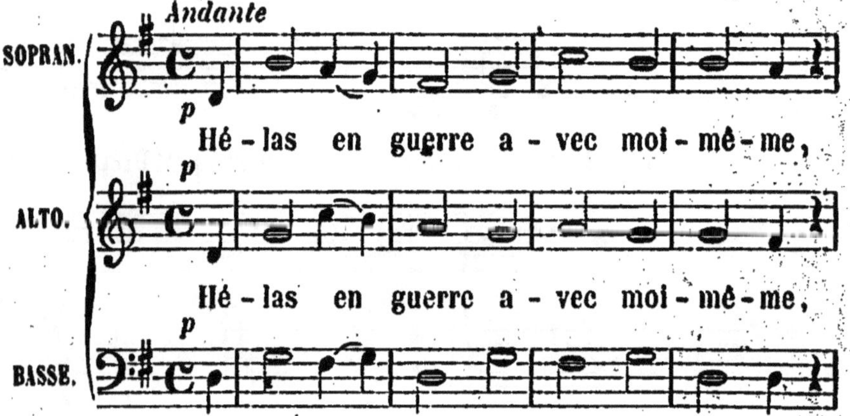
Andante
SOPRAN.
p
Hé - las en guerre a - vec moi - mê - me,
ALTO.
p
Hé - las en guerre a - vec moi - mê - me,
BASSE.
p

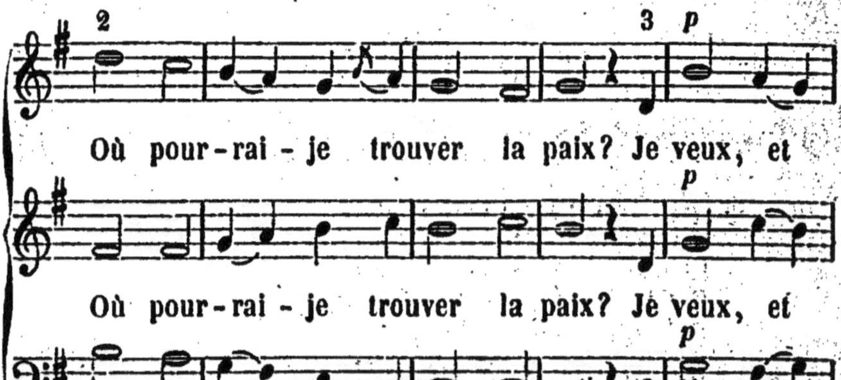
2
3
p
Où pour - rai - je trouver la paix? Je veux, et
p
Où pour - rai - je trouver la paix? Je veux, et
p

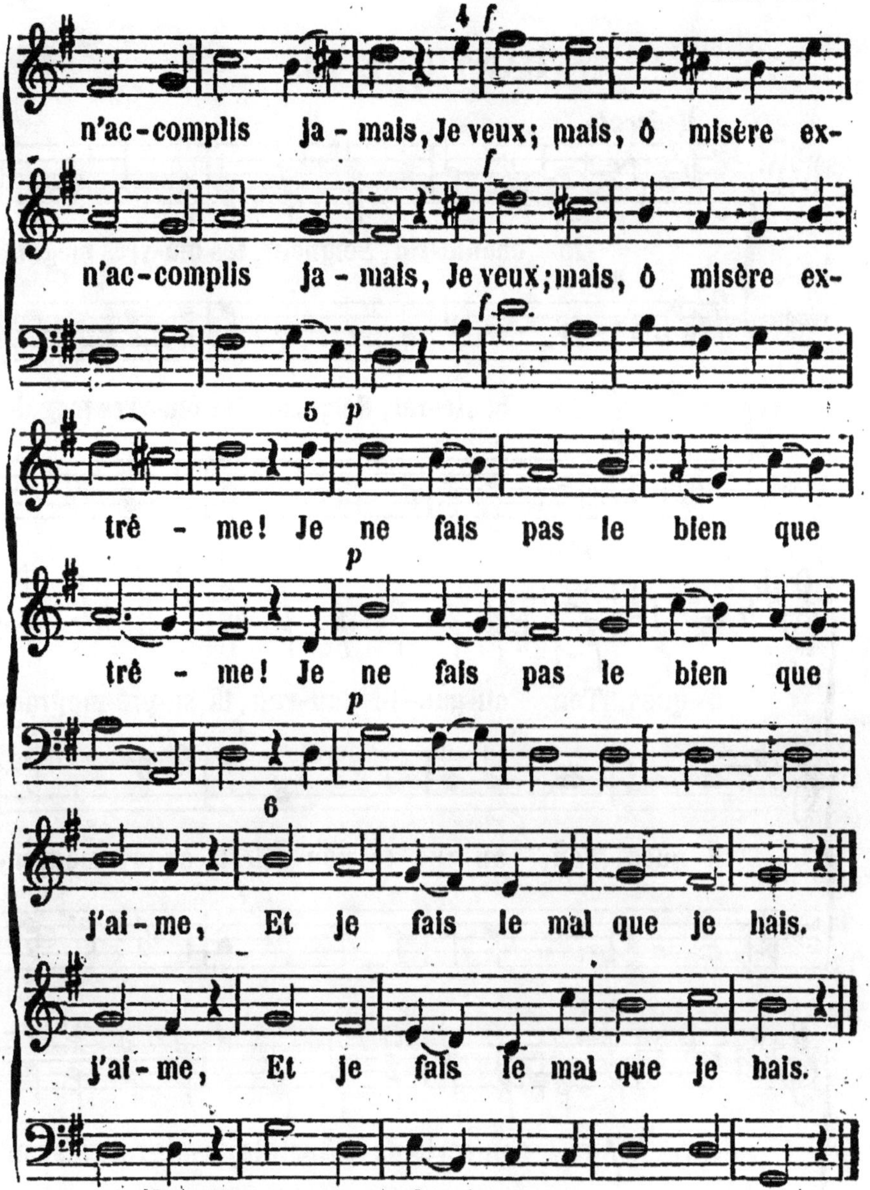
4 f
n'ac-complis ja-mais, Je veux; mais, ô misère ex-
f
n'ac-complis ja-mais, Je veux; mais, ô misère ex-
f
5 p
trê-me! Je ne fais pas le bien que
p
trê-me! Je ne fais pas le bien que
p
6
j'ai-me, Et je fais le mal que je hais.
j'ai-me, Et je fais le mal que je hais.

2. O grâce, ô rayon salutaire,
Viens me mettre avec moi d'accord,
Et dompte par un doux effort
Cet homme qui t'est si contraire;
Fais ton esclave volontaire
De cet esclave de la mort!

CANTIQUE 18.

2. Le monde passera : ce superbe édifice
Un jour s'ébranlera jusqu'en ses fondements.
Ta sagesse, grand Dieu! ta bonté, ta justice
Subsisteront dans tous les temps. (bis.)

CANTIQUE 19.

2. Éternel, par amour, *tu fus mon créateur.* (bis.)
Tu formas de mon corps l'étonnant assemblage;
Mon âme aussi, mon âme est ton image,
Et pour t'aimer tu me donnas un cœur. (bis.)

CANTIQUE 20.

2.

Je ne t'implore plus, Seigneur,
    Pour les biens de ce monde;
Les seuls biens qu'implore mon cœur
    De ta grâce féconde,
C'est d'augmenter ma faible foi
    En ta sainte Parole;
C'est cette paix qui vient de toi,
    C'est l'Esprit qui console.

CANTIQUE 21.

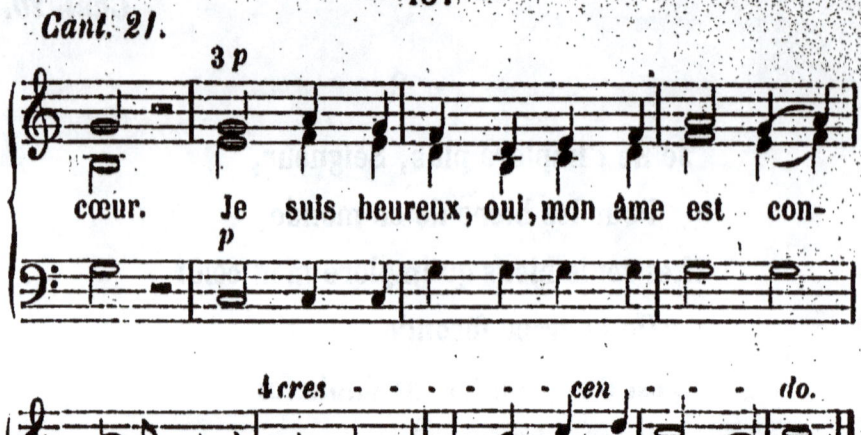

2.

Tu m'as aimé, moi pauvre créature,
Jusqu'à t'offrir en victime pour moi ;
Ton propre sang a lavé ma souillure,
Et, par ta mort, je suis vivant pour toi.

3.

Que puis-je donc désirer sur la terre,
Puisque je suis l'objet de ton amour ;
Puisque ta grâce, ô Sauveur débonnaire,
Dès le matin me prévient chaque jour ?

4.

Si je rencontre, en mon pèlerinage,
Sur mon sentier, l'épreuve ou le chagrin,
Puis-je oublier, durant ce court passage,
Que ton enfant n'est pas un orphelin ?

CANTIQUE 22.

Du ro-cher de Ja-cob tou-te l'œuvre est par-fai-te. Ce que sa bouche a dit, sa main l'ac-com-pli ra. Al-lé-lu-ia, al-lé-lu-ia, al-lé-lu-ia, al-lé-lu-ia, Car

2.

C'est pour l'éternité que le Seigneur nous aime;
Sa grâce en notre cœur jamais ne cessera,
      Alléluia! alléluia! (*bis.*)
Car il est notre espoir (*ter*), notre bonheur suprême.

3.

De tous nos ennemis il sait quel est le nombre;
Son bras combat pour nous et nous délivrera.
      Alléluia! alléluia! (*bis.*)
Les méchants devant lui (*ter*) s'enfuiront comme une ombre.

4.

Notre sépulcre aussi connaîtra sa victoire,
Sa voix au dernier jour nous ressuscitera.
      Alléluia! alléluia! (*bis.*)
Pour nous, ses rachetés (*ter*), la mort se change en gloire.

CANTIQUE 23.

2. L'Ange de l'Éternel se campe avec puissance
Autour de ses enfants;
Il les garde et soutient; il est leur délivrance
Dans leurs dangers pressants. (bis.)

CANTIQUE 24.

POUR LES FÊTES DE PAQUES ET DE L'ASCENSION.

2.

Il sort, après trois jours, tout rayonnant de gloire,
 Nous ayant mérité,
Comme prix de sa mort et fruit de sa victoire,
 Son immortalité. (bis.)

3.

Il est allé, dit-il, nous préparer la place,
 Il nous prendra vers lui;
Pour guide, en attendant, il nous laisse sa grâce,
 Et sa croix pour appui. (bis.)

4.

Remplis de son Esprit et brûlants d'un saint zèle,
 Suivons-le par la foi;
Car il veut désormais rester, âme fidèle,
 Pour toujours avec toi! (bis.)

CANTIQUE 25.

Cant. 25.

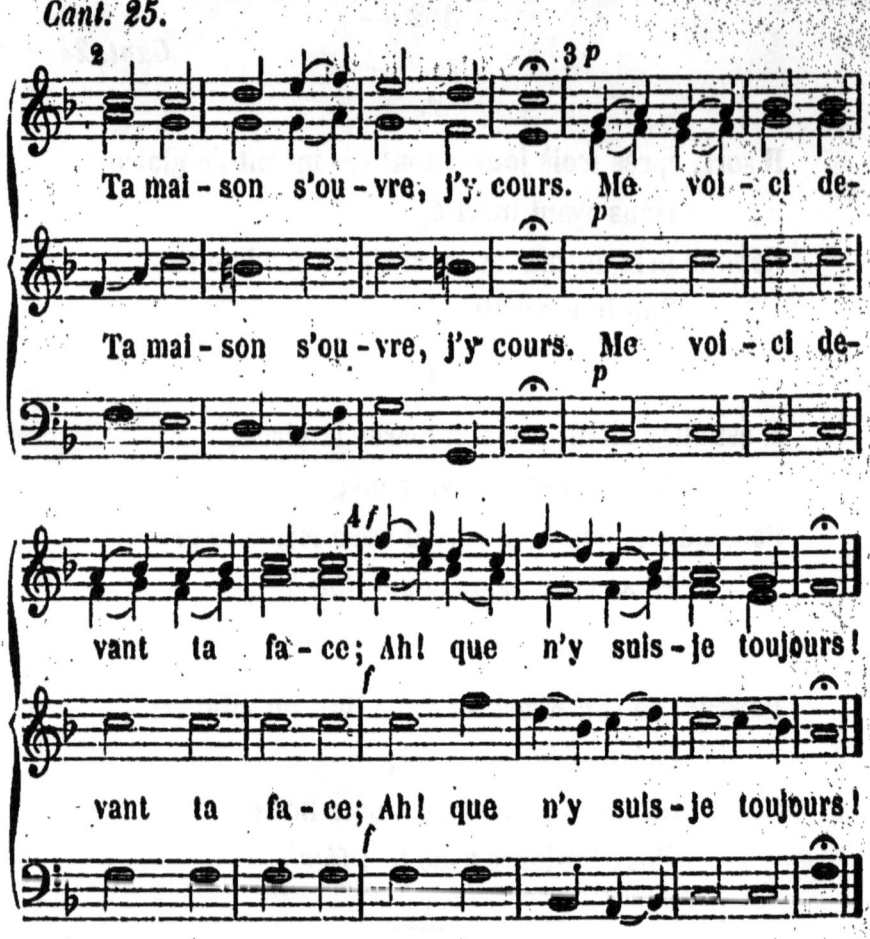

2.

Viens à moi qui te réclame,
Viens à mes frères, mes sœurs;
A leurs âmes joins mon âme,
Fais un seul cœur de nos cœurs!

3.

Du pasteur bénis le zèle,
Et, comme un bon messager,
Qu'il nous guide, sous ton aile,
Vers le céleste Berger!

CANTIQUE 26.

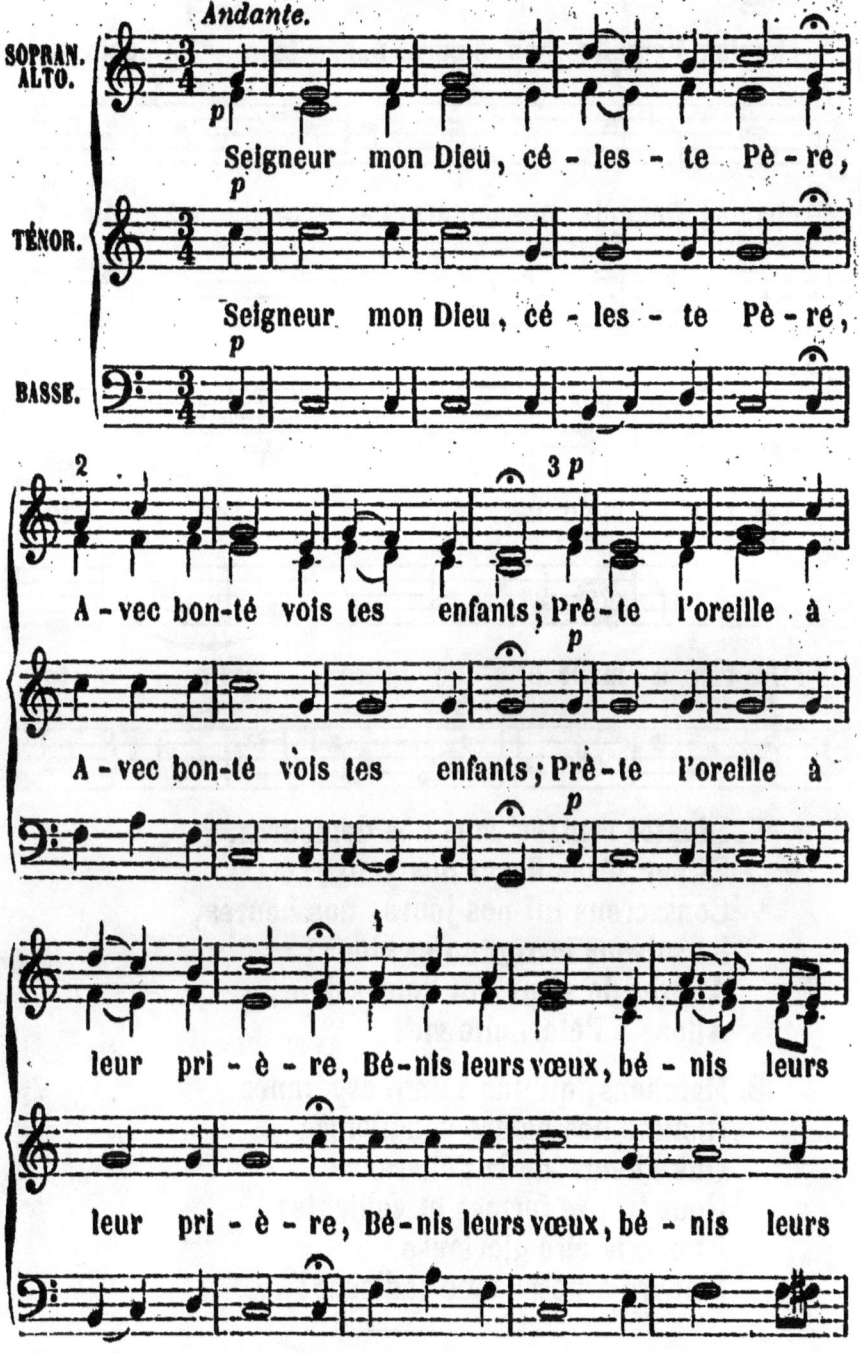

2. Bientôt rentrés dans nos demeures,
Et sur Jésus fixant nos yeux,
Consacrons lui nos jours, nos heures,
Et suivons la route des cieux;
Auprès de ceux qui l'ont suivie,
Allons à l'éternelle vie!

3. Marchons, qu'une sainte espérance
Ranime nos cœurs défaillants;
Que l'heure de la délivrance
Nous trouve fermes et veillants;
Et que la cité glorieuse
S'ouvre à notre âme radieuse!

CANTIQUE 27.

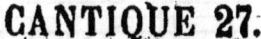

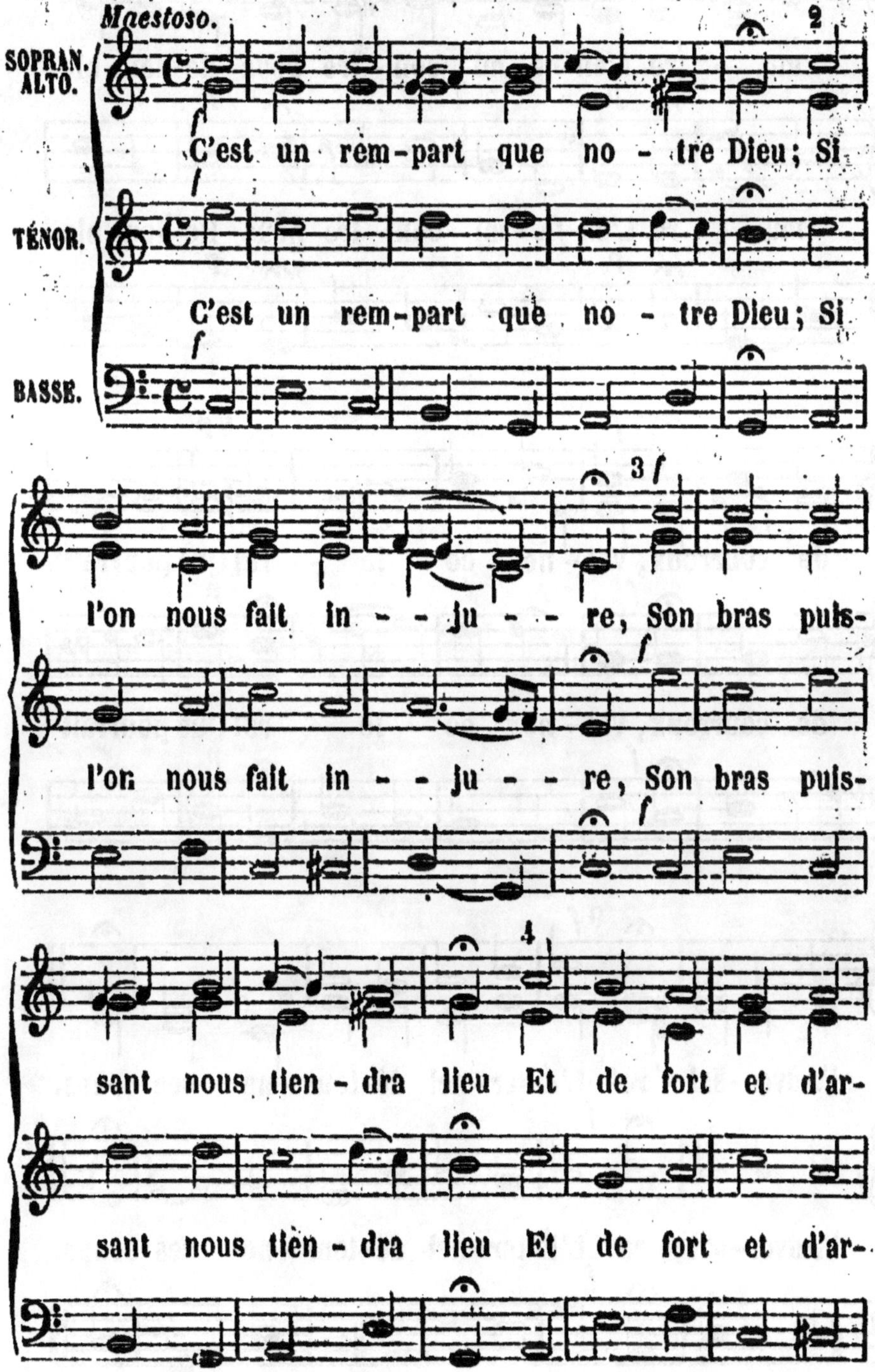
Maestoso.
SOPRAN.
ALTO.
TÉNOR.
BASSE.
C'est un rem-part que no - tre Dieu; Si
C'est un rem-part que no - tre Dieu; Si
l'on nous fait in - - ju - - re, Son bras puis-
l'on nous fait in - - ju - - re, Son bras puis-
sant nous tien - dra lieu Et de fort et d'ar-
sant nous tien - dra lieu Et de fort et d'ar-

2.

Seuls, nous bronchons à chaque pas,
    Notre force est faiblesse;
Mais un héros, dans les combats,
    Pour nous lutte sans cesse.
    Quel est ce défenseur?
    C'est toi, divin Sauveur,
        Dieu des armées!
    Tes tribus opprimées
Connaissent leur libérateur.

3.

Que les démons forgent des fers
    Pour accabler l'Église;
Ta Sion brave les enfers,
    Sur son rocher assise.
    Constant dans son effort,
    En vain avec la mort
        Satan conspire;
    Pour ruiner son empire,
Il suffit d'un mot du Dieu fort.

4.

Dis-le ce mot victorieux,
    Dans toutes nos détresses!
Répands sur nous du haut des cieux
    Tes divines largesses!
    Qu'on nous ôte nos biens,
    Qu'on serre nos liens,
        Que nous importe?
    Ta grâce est la plus forte,
    Et ton royaume est pour les tiens!

CANTIQUE 28.

Tu nous ai-mes, Seigneur, comme Dieu comme Pè-re; Ton amour tout-puissant couvre notre mi-sè-re, Et sou-tient no-tre fai-ble cœur. Tu

Cant. 28.

2. Et près de la quitter, à cette heure suprême,
   Tu nous dis: « Aimez-vous, comme moi je vous aime,
      « Et qui peut aimer plus que moi?
   « Aimez-vous! c'est la loi qu'en partant je vous laisse;
   « Aimez-vous! » Qu'à ceci le monde reconnaisse
      Si vraiment nous sommes à toi.

3. Bannis de nos discours les flatteuses paroles,
   Et la feinte amitié de ces hommes frivoles
      Qui ne peuvent aimer qu'un jour.
   C'est pour le ciel qu'ici des frères se préparent;
   Apprends-nous à montrer aux âmes qui s'égarent,
      Par notre zèle, notre amour.

4. O Seigneur! qu'il est doux, qu'il est bon, pour des frères
   De t'offrir en commun leurs vœux et leurs prières,
      Et de travailler réunis;
   De s'aider au combat, de partager leurs joies,
   Et de marcher ensemble en ces pénibles voies
      Où tu diriges et bénis!

CANTIQUE 29.

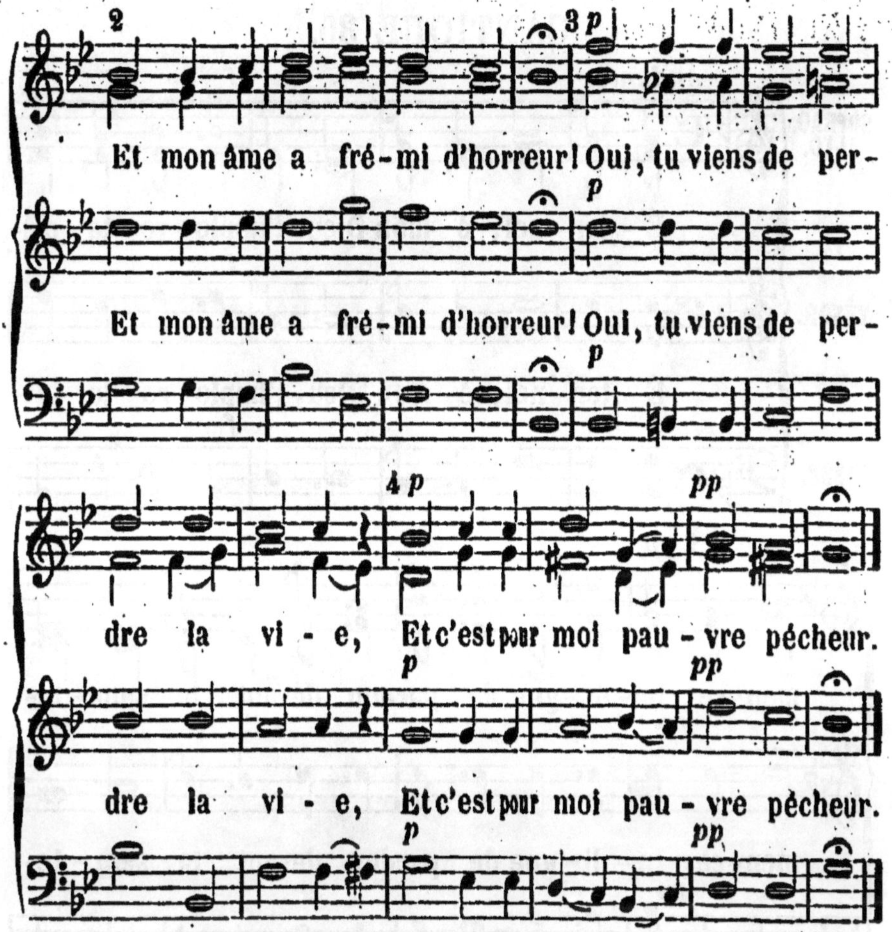

Cant. 29.

Et mon âme a fré-mi d'horreur! Oui, tu viens de perdre la vi - e, Et c'est pour moi pau - vre pécheur.

2. A ta mort, la nature entière
   Se répand en cris de douleur;
   Le soleil cache sa lumière;
   Les élus pleurent leur Sauveur.

3. Les chœurs des Esprits et des Anges,
   Du haut du céleste séjour,
   Suspendant leurs saintes louanges,
   Sondent ce mystère d'amour.

4. Viens, mon âme, reviens encore
   Y puiser l'amour et la foi;
   Ce Sauveur que ta voix implore,
   Regarde, il souffre et meurt pour toi!

CANTIQUE 30.

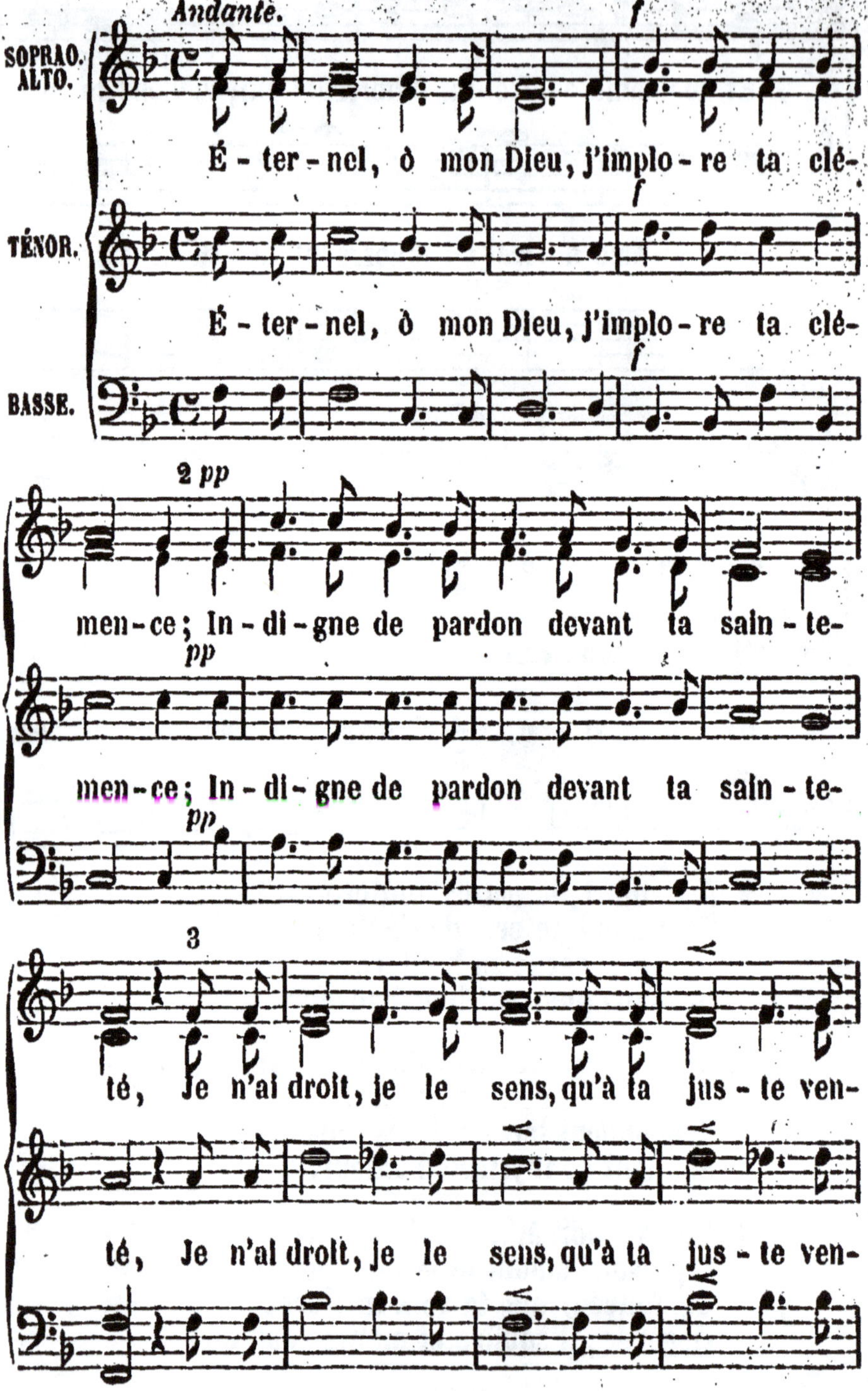
Andante.
SOPRAO.
ALTO.
TÉNOR.
BASSE.
f
É - ter - nel, ô mon Dieu, j'implo - re ta clé-
2 pp
men - ce ; In - di - gne de pardon devant ta sain - te-
3
té, Je n'ai droit, je le sens, qu'à ta jus - te ven-

2. Seigneur, qu'aux doux rayons du Soleil de justice,
Je sente un nouveau cœur en moi s'épanouir !
Qu'en tout temps, en tous lieux mon âme te bénisse !
De foi, de charité, daigne, ô Dieu ! la remplir.

CANTIQUE 31.

l'É-ter-nel Con-sa-cre ma pri-è-re.

2.

Dieu tout-puissant,
Dieu bienfaisant,
J'ai besoin de ta grâce.
Éclaire-moi!
Soutiens ma foi!
Je viens chercher ta face.

3.

Ta vérité,
Ta charité,
Brillent dans ta Parole.
Seule elle instruit,
Guide et conduit
Notre âme, et la console.

CANTIQUE 32.

L'É-ter-nel seul est ma lu-miè-re,

Ma dé-li-vrance et mon ap-pui; Qu'aurai-je à craindre sur la ter-re, Puisque ma force est toute en lui?

2. Seigneur, ma plus chère espérance
Est de mieux sentir chaque jour
Les dons parfaits de ta clémence
Et les douceurs de ton amour.

CANTIQUE 33.

De quoi t'a-lar-mes-tu, mon cœur? Ra-

2.

Si le vent de l'adversité
  A soufflé sur ma vie,
Si par l'âge ou l'infirmité
  La santé m'est ravie;
    Que ton pouvoir
    Soit mon espoir,
  Et, selon ta promesse,
  Soutienne ma faiblesse.

3.

Si le sort de ceux que j'aimais
  Remplit mon cœur d'alarmes,
S'il me faut marcher désormais
  Dans le deuil et les larmes;
    A ton secours
    J'aurai recours,
  O Dieu! mon espérance,
  Pour guérir ma souffrance.

Cant. 33.

4.

Je me jetterai dans tes bras,
Si tu veux que je meure;
Grand Dieu, ne m'abandonne pas,
Viens, à ma dernière heure,
Viens m'assister
Et transporter
Mon âme en son asile :
Et je mourrai tranquille!

CANTIQUE 34.

Quel est cet astre radieux Qui descend du plus haut des cieux? O Fils du

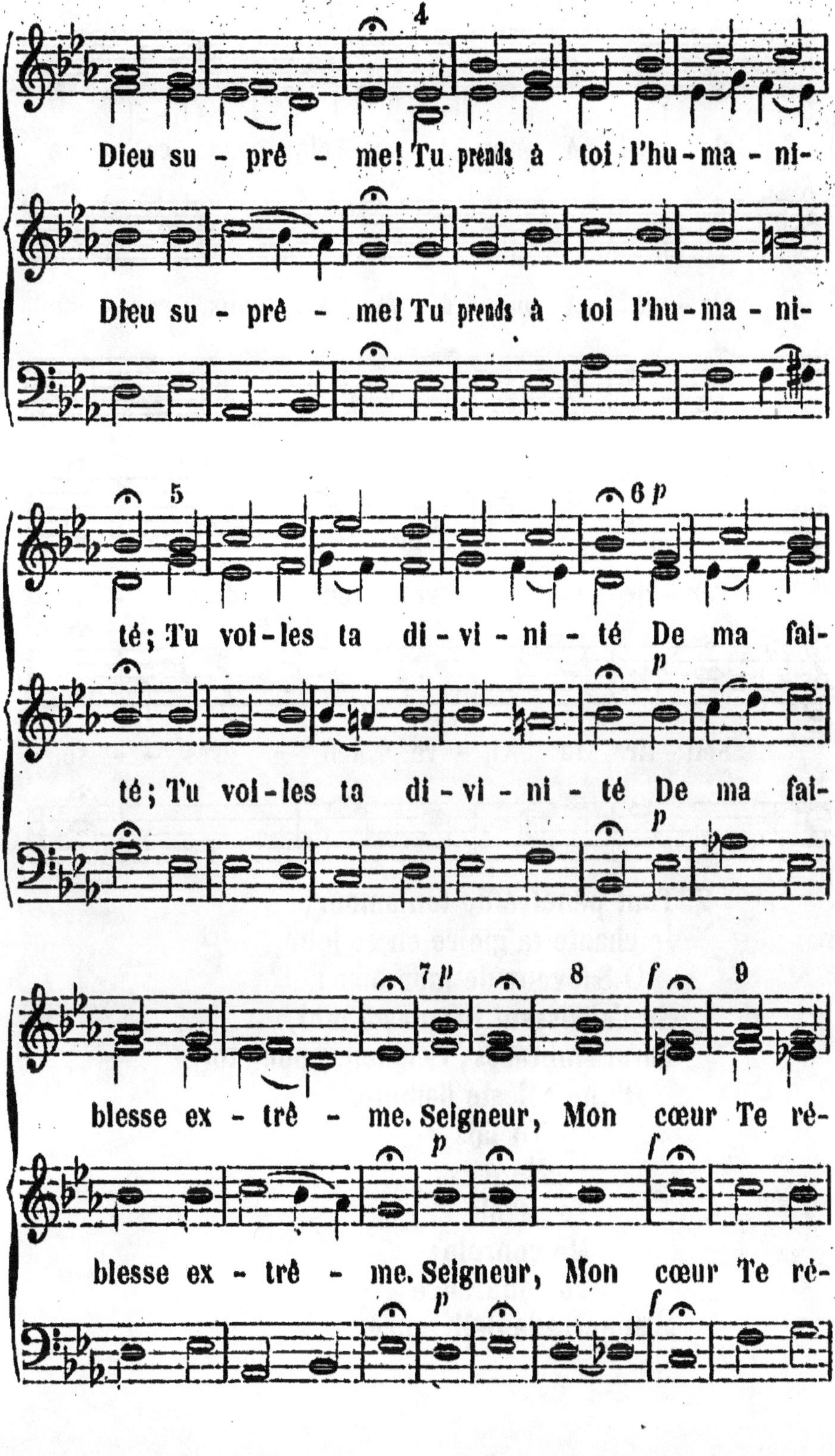
4
Dieu su - prê - me! Tu prends à toi l'hu - ma - ni-
Dieu su - prê - me! Tu prends à toi l'hu - ma - ni-
5
6 p
té; Tu voi - les ta di - vi - ni - té De ma fai-
p
té; Tu voi - les ta di - vi - ni - té De ma fai-
p
7 p
8
f
9
blesse ex - trê - me. Seigneur, Mon cœur Te ré-
p
f
blesse ex - trê - me. Seigneur, Mon cœur Te ré-
p
f

Cant. 34.

2. Tout pénétré de ton amour,
Je chante ta gloire en ce jour,
O Sauveur de mon âme!
En t'abaissant jusques à moi,
Tu m'embrases, Seigneur, pour toi
D'une céleste flamme.
Tu fais
Ma paix;
Ta parole
Me console;
Ta souffrance
M'apporte la délivrance.

CANTIQUE 35.

taire Répande ses dons en ce jour.

2. Comme autrefois tu dis de ta voix souveraine :
« Que la lumière soit! » et la lumière fut;
Ainsi se fait encor, Seigneur, dans l'âme humaine
La lumière de ton salut!

3. Tu parles, les erreurs à ta voix disparaissent,
Comme au lever du jour s'enfuit l'obscurité;
Tu parles, et les cœurs et les âmes renaissent
Aux rayons de ta vérité.

4. Partout où retentit cette grande parole,
Devant elle aussitôt l'ombre s'évanouit :
D'un bout du monde à l'autre, aujourd'hui, qu'elle vole,
Et dissipe partout la nuit!

5. Que toujours en nos cœurs ce soleil resplendisse,
Pour nous servir de guide à nous tous qui croyons;
Qu'à nos âmes toujours il porte la justice
Et la santé dans ses rayons!

CANTIQUE 36.

2. D'autres cieux, la nouvelle terre,
   Où la gloire de Dieu le Père
   Nous couvrira de sa splendeur;
   Où, dans l'éternité sans voiles,
   Brilleront comme les étoiles
   Les enfants bénis du Seigneur! (bis.)

3. Doux séjour de paix et de joie!
   La bonté céleste y déploie
   Tous ses trésors, tous ses plaisirs,
   Et ses couronnes immortelles,
   Et ses grâces toujours nouvelles,
   Pour répondre à tous les désirs. (bis.)

4. Au ciel plus de vaine espérance,
   Plus de cœurs pleurant l'inconstance
   Des desseins qu'ils avaient conçus;

Plus d'amertume, plus de peine,
Plus de folle ardeur qui nous mène,
A des rêves toujours déçus. (*bis.*)

5. Plus de tombes, plus de ténèbres,
Plus de deuil, plus de cris funèbres,
Plus de nos mortelles douleurs.
Des regrets essuyant la trace,
Le Seigneur nous montre une place
Près de ceux qui causaient nos pleurs. (*bis.*)

6. Sur ces biens mon espoir se fonde :
Que me font les trésors du monde?
Ils n'éblouiront plus mes yeux.
Adieu, faux attraits de la terre!
Mon cœur, je le donne à mon Père;
Mon trésor, je le mets aux cieux. (*bis.*)

CANTIQUE 37.

2.

Envers tous, bonne, patiente,
Douce, honnête, humble, confiante,
Toujours, céleste charité,
Tu prends plaisir au sacrifice;
Tu t'affliges de l'injustice,
Et ta joie est la vérité. (*bis.*)

3.

Pleurer avec celui qui pleure,
Du malade aimer la demeure,
Aimer le pauvre, l'orphelin,
Chercher le pécheur qui se cache,
C'est la religion sans tâche,
C'est du Christ l'exemple divin. (*bis.*)

4.

Suis-le donc d'une âme sereine,
Par l'amour réponds à la haine;
Prie en ton cœur pour qui te nuit;
Sois l'enfant du céleste Père :
Son soleil tous les jours éclaire
Ceux dont l'outrage le poursuit. (*bis.*)

5.

A celui qui prend cette voie
Dieu dira : « Viens goûter ma joie ;
« Entre dans mon éternité ;
« Tu m'as aimé dans ma détresse,
« Prends part au banquet d'allégresse
« De l'éternelle charité. » (*bis.*)

CANTIQUE 38.

2.
Semblable à la mer qui monte,
La grande vague du temps,
Toujours plus haute et plus prompte,
Presse nos pas haletants.
Marche, marche, voyageur, ⎰
N'attends pas ce flot rongeur. ⎱ (bis.)

3.
Le vent d'heure en heure efface,
Comme en des sables mouvants,
Notre fugitive trace
Sur la terre des vivants.
Use de moments si courts: ⎰
Voyageur, marche toujours! ⎱ (bis.)

4.
Les jours de notre jeunesse
Déjà sont bien loin de nous;
Déjà la lente vieillesse
Fait chanceler nos genoux.
Le jour baisse, le temps fuit: ⎰
Voyageur, voici la nuit. ⎱ (bis.)

5.
Prends courage, et marche encore;
Le rendez-vous est ailleurs.
Déjà se lève l'aurore,
L'aurore des jours meilleurs.
La nuit touche à son déclin: ⎰
Voici l'éternel matin! ⎱ (bis.)

CANTIQUE 39.

Pour-quoi, tou-jours prompts au mur-mu-re, Re-dire en nos cœurs a-bat-tus: Trou-ve-rons nous la nour-ri-tu-re, Et nos corps se-ront-ils vê-tus?

2.

Il ne sème ni ne moissonne,
L'oiseau qui vole vers les cieux;
Pourtant, des biens que Dieu lui donne,
Il vit en paix, libre et joyeux.

3.

Tu vois l'herbe de la vallée
Fleurir sans pénibles travaux;
D'un roi la parure étalée
N'offre point d'ornements plus beaux.

4.

Si Dieu revêt l'herbe fleurie,
S'il nourrit les oiseaux de l'air,
N'aura-t-il pas soin de ta vie,
N'est-tu pas son bien le plus cher?

5.

En Dieu donc mets ta confiance!
Par la confiance au Seigneur
On voit se calmer la souffrance,
S'embellir les jours du bonheur.

CANTIQUE 40.

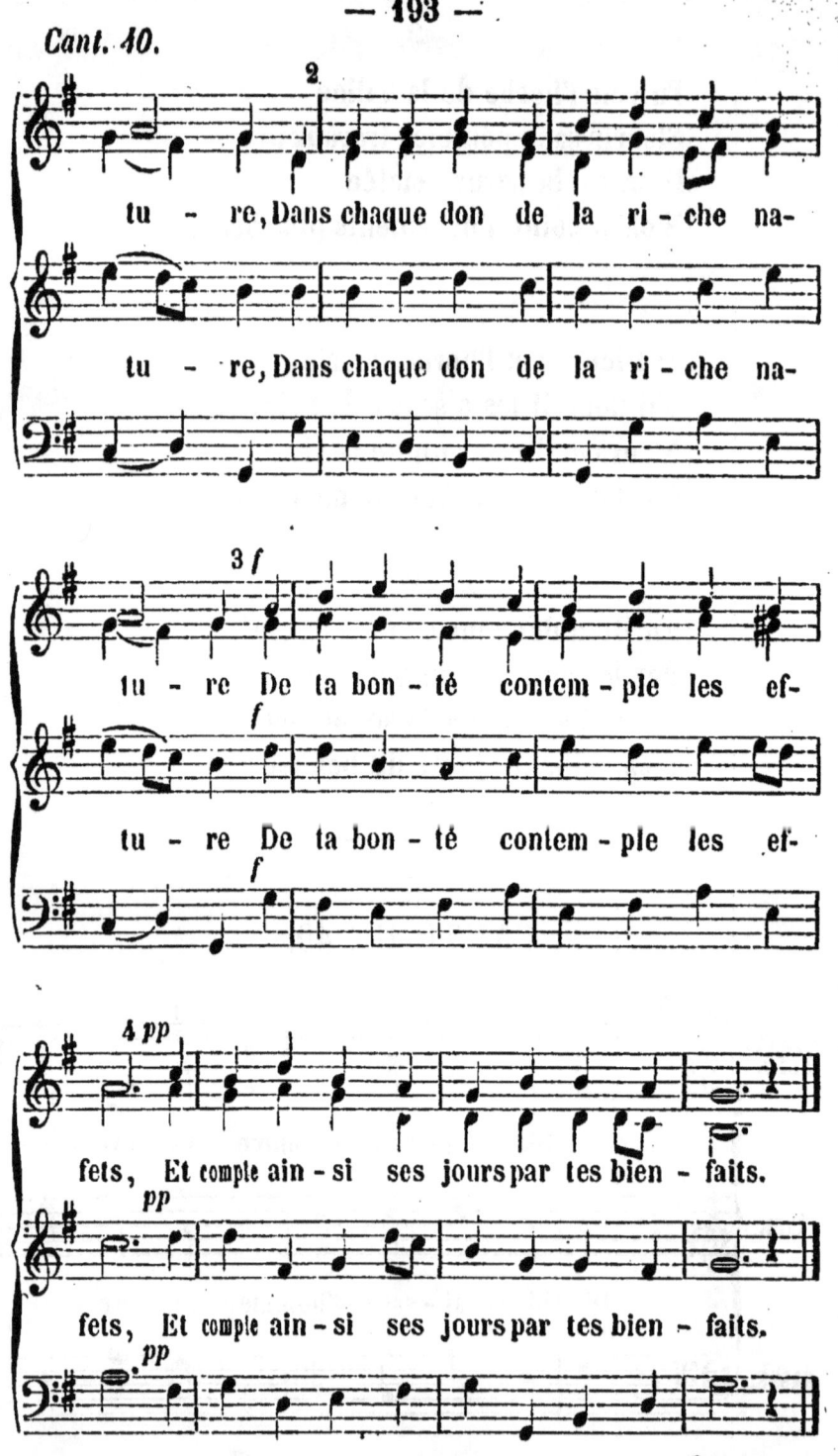

2.

Soit qu'au printemps la verdure naissante
Étale aux yeux sa fraîcheur ravissante,
Et que la vie, éparse en l'univers,
Peuple la terre, et les flots et les airs;

3.

Soit que l'été qui dessèche les herbes
Des épis mûrs fasse jaunir les gerbes,
Ou que l'automne, emplissant le pressoir,
Du vendangeur vienne combler l'espoir;

4.

Soit qu'en hiver la feuille tombe morte;
Chaque saison, en passant nous apporte
Sa part de biens et de joie et d'amour,
Et vient de Dieu nous parler à son tour.

5.

Chacune aussi de la vie est l'image,
Et chaque fois son rapide passage
Montre combien sont rapides et courts
Des ans ainsi mesurés dans leur cours.

6.

Mais ta bonté, Seigneur, est éternelle:
Chaque printemps elle se renouvelle;
Elle se lève avec chaque matin,
Et tel aussi sera notre destin.

7.

Si notre vie à la terre enchaînée
Vers son déclin est bien vite entraînée,
Un jour, Seigneur, dans ton sein paternel
Nous trouverons le printemps éternel.

CANTIQUE 41.

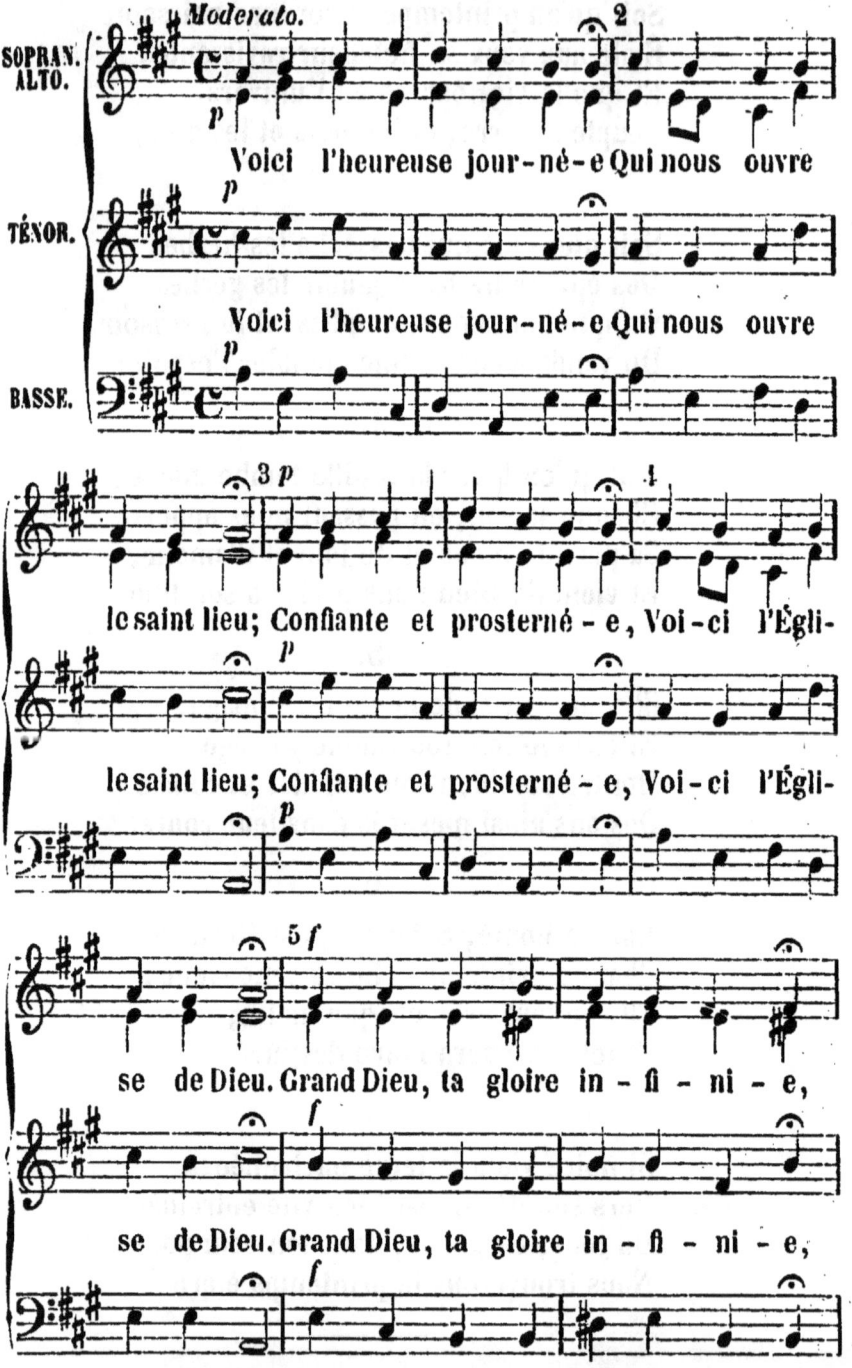

Voici l'heureuse jour-né-e Qui nous ouvre le saint lieu; Confiante et prosterné-e, Voi-ci l'Égli-se de Dieu. Grand Dieu, ta gloire in-fi-ni-e,

2.

Seigneur, que notre prière,
Sur les ailes de la foi,
Vers ton trône de lumière
En pur encens monte à toi;
Que sur notre âme apaisée
Elle ramène en retour,
Comme une douce rosée,
Tous les dons de ton amour!

3.

Que les cœurs, à ta parole,
S'ouvrent pour la recevoir;
Que l'affligé se console;
Au malade rends l'espoir.
Sur le pécheur qui t'implore
Verse la grâce et la paix,
Et du couchant à l'aurore
Qu'on te bénisse à jamais!

CANTIQUE 42.

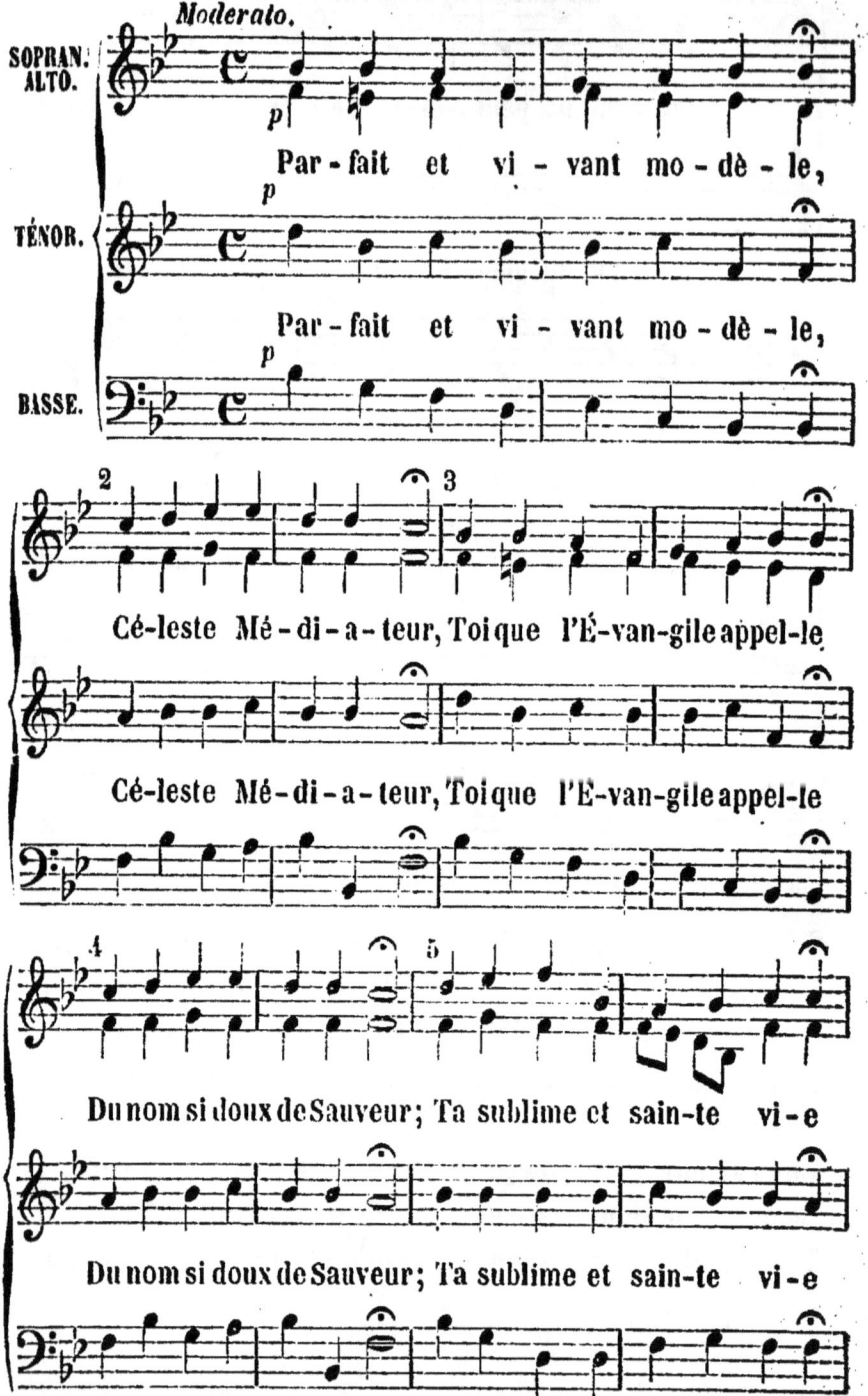

Cant. 42.

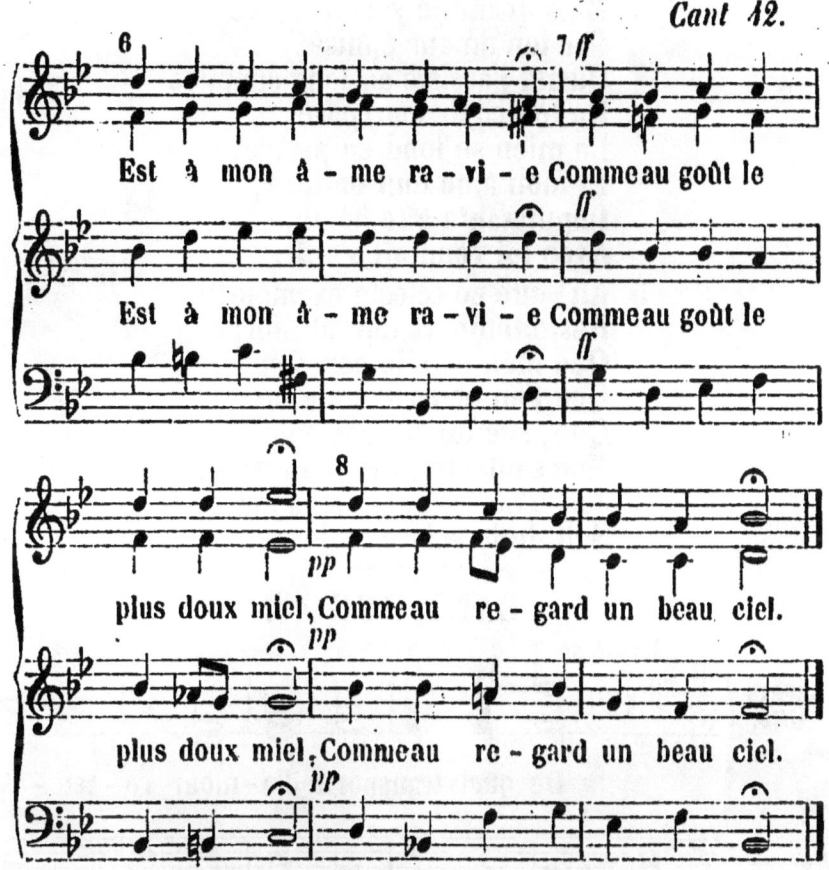

2. Cette crèche où tu veux naître,
Cette humaine infirmité
Que tu revêts, divin Maître,
M'enseignent l'humilité.
Cette parole si tendre,
Qui toujours se fait entendre
A chaque pauvre pécheur,
Arrive jusqu'à mon cœur.

3. Le pain que tu multiplies
Dans les déserts du Jourdain,
Lazare pour qui tu pries,
Les maux que guérit ta main,
Tout m'instruit, tout me révèle,
Seigneur, la bonne nouvelle
De ce salut précieux
Que tu m'apportas des cieux.

Cant. 42.

4. Mais quand je vois le calice
Par ton amour épuisé,
Quand j'assiste au long supplice
De ton cœur martyrisé ;
Le mien se fond en prière,
Et mon âme tout entière,
Impuissante à te bénir,
Avec toi voudrait s'unir.

5. Ah ! que ce céleste exemple
Reste toujours devant moi ;
Que mon âme le contemple,
Que j'en nourrisse ma foi !
Que, sur lui réglant ma vie,
Mon seul vœu, ma seule envie,
Jusqu'au terme de mes jours,
Soit de le suivre toujours !

CANTIQUE 43.

Cant. 43.

2.

« Un pécheur est sauvé, » redisent-ils en chœur:
« Il vient de s'approcher de la croix du Seigneur,
      Son âme est convertie;
      La mort est engloutie
Pour cet enfant de Dieu, pour cet élu vainqueur ! »

3.

Mon âme, c'est pour toi que les cieux sont émus;
Pour toi se réjouit le peuple de Jésus;
      Pour toi ce chant de gloire,
      Cet hymne de victoire,
Se redit au séjour des saints et des élus !

4.

Des rachetés du Christ j'ai donc la douce paix;
Son Esprit à mon Dieu me donne un libre accès;
      Sa grâce est mon partage,
      Son ciel mon héritage,
Et pour moi ce bonheur ne finira jamais !

CANTIQUE 44.

Tes brebis, ô Jésus ! connaissent ton a-

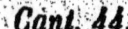

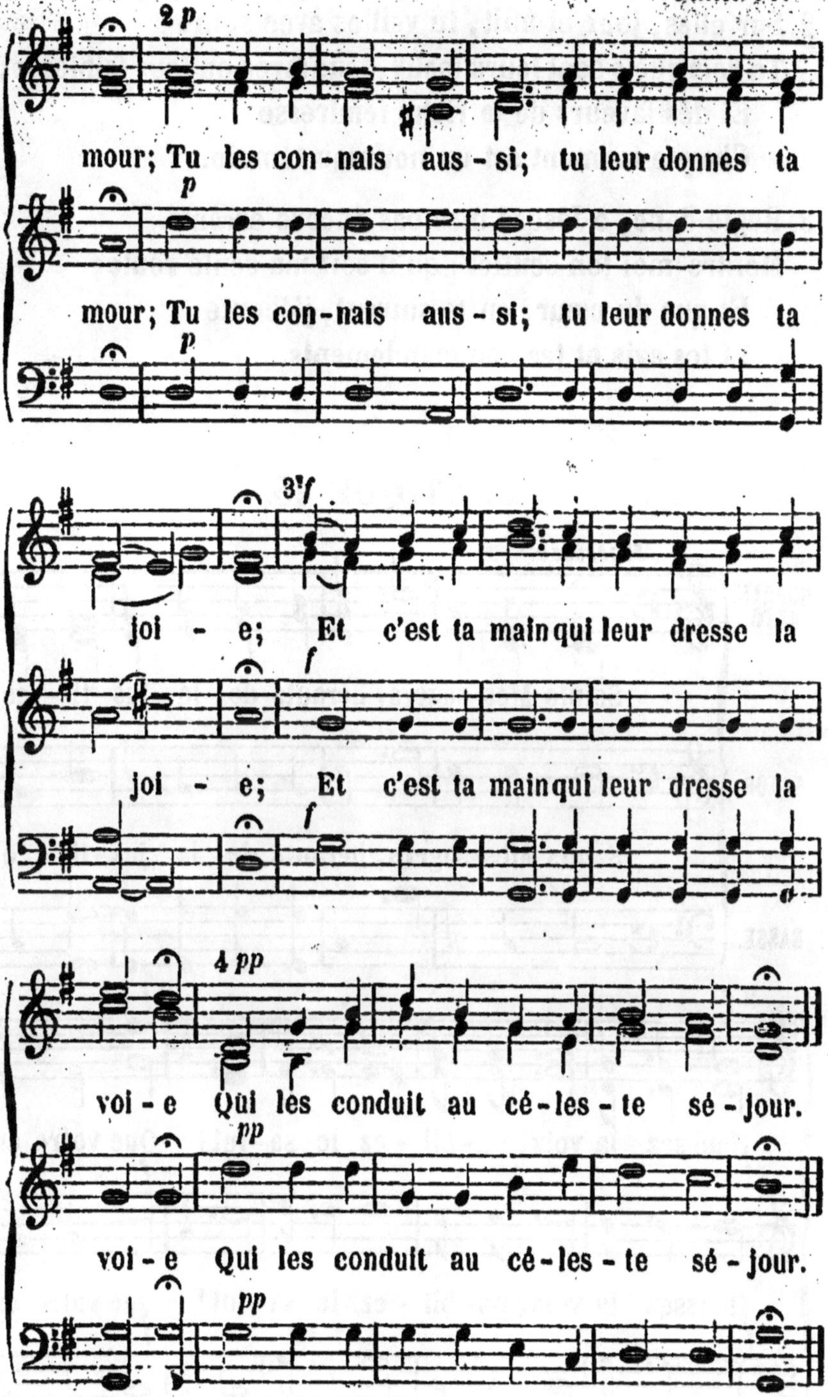
2 p
mour; Tu les con-nais aus-si; tu leur donnes ta
p
mour; Tu les con-nais aus-si; tu leur donnes ta
p
3 f
joi - e; Et c'est ta main qui leur dresse la
f
joi - e; Et c'est ta main qui leur dresse la
f
4 pp
voi-e Qui les conduit au cé-les-te sé-jour.
pp
voi-e Qui les conduit au cé-les-te sé-jour.
pp

Cant. 44.

2. Sur elles, jour et nuit, tu veilles avec soin;
Tu vois quels sont leurs maux, leur force ou leur faiblesse;
Et des faveurs de ta riche tendresse
Chaque moment est un nouveau témoin.

3. Règle donc, ô Jésus! mes pas encore errants.
Montre-moi ton sentier: qu'il soit ma seule route;
Et que du cœur, en te suivant, j'écoute
Et tes avis et tes commandements.

CANTIQUE 45.

Saints Mes-sagers, hérauts de la jus-ti-ce,

Saints Mes-sagers, hérauts de la jus-ti-ce,

Haussez la voix, pu-bli-ez le sa-lut! Que votre es-

Haussez la voix, pu-bli-ez le sa-lut! Que votre es-

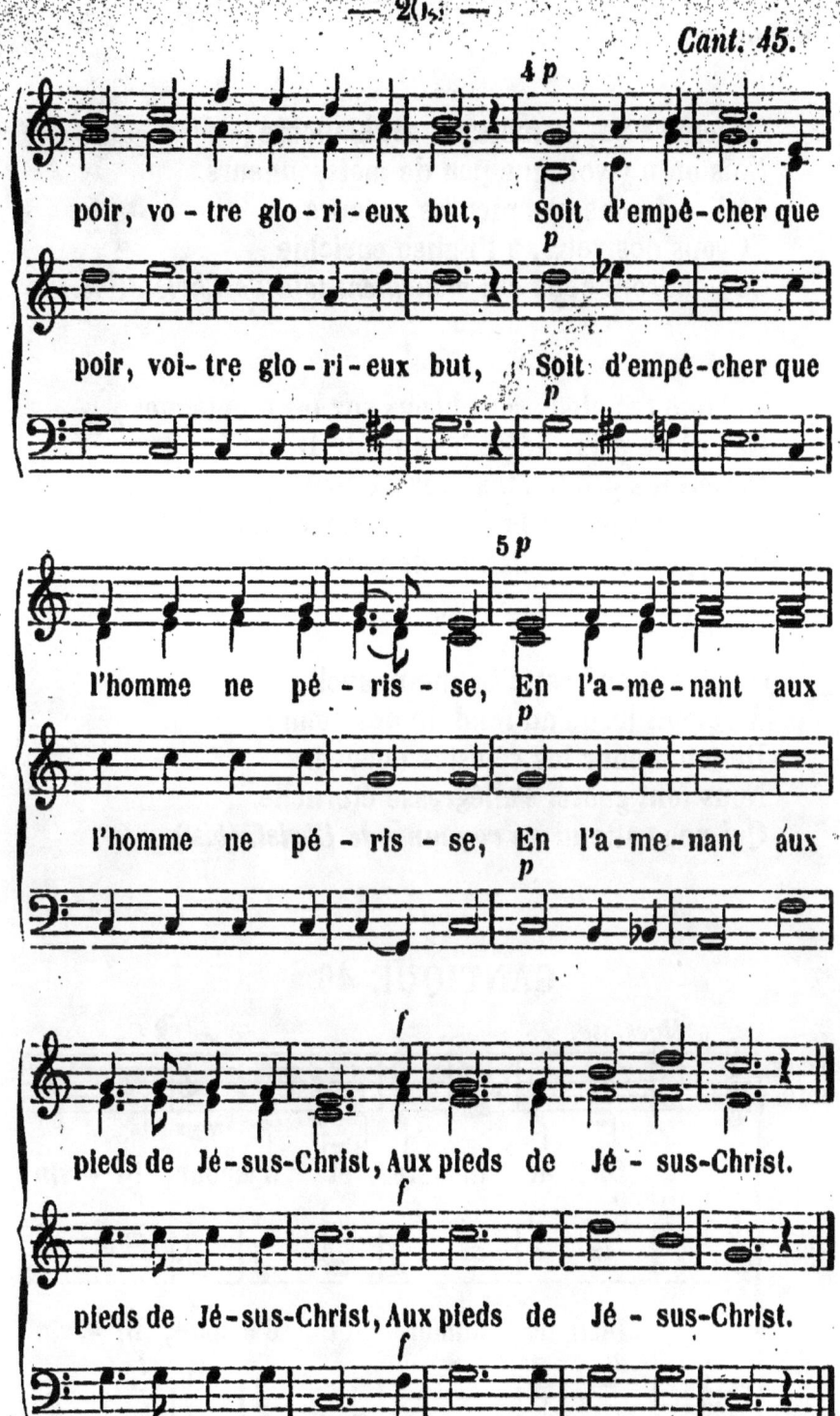

Cant. 45.

2.

Au loin, déjà, la moisson est blanchie;
Mais on n'y voit que peu de moissonneurs.
Ah! ranimons nos pieuses ardeurs,
Et sous nos yeux, à l'Église enrichie
Se joindront ceux *qui mouraient loin de Christ.* (bis.)

3.

Oh! que tes pieds sont beaux sur les montagnes,
Enfant de paix, fidèle homme de Dieu!
Devant tes pas le plus sauvage lieu
Va se changer en brillantes campagnes,
Et le pécheur *en disciple de Christ.* (bis.)

4.

O notre Dieu! cette bonne nouvelle
A retenti jusqu'au fond de nos cœurs;
De ton amour les célestes douceurs
Nous font goûter l'allégresse éternelle
Qui nous attend *au royaume de Christ.* (bis.)

CANTIQUE 46.

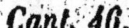

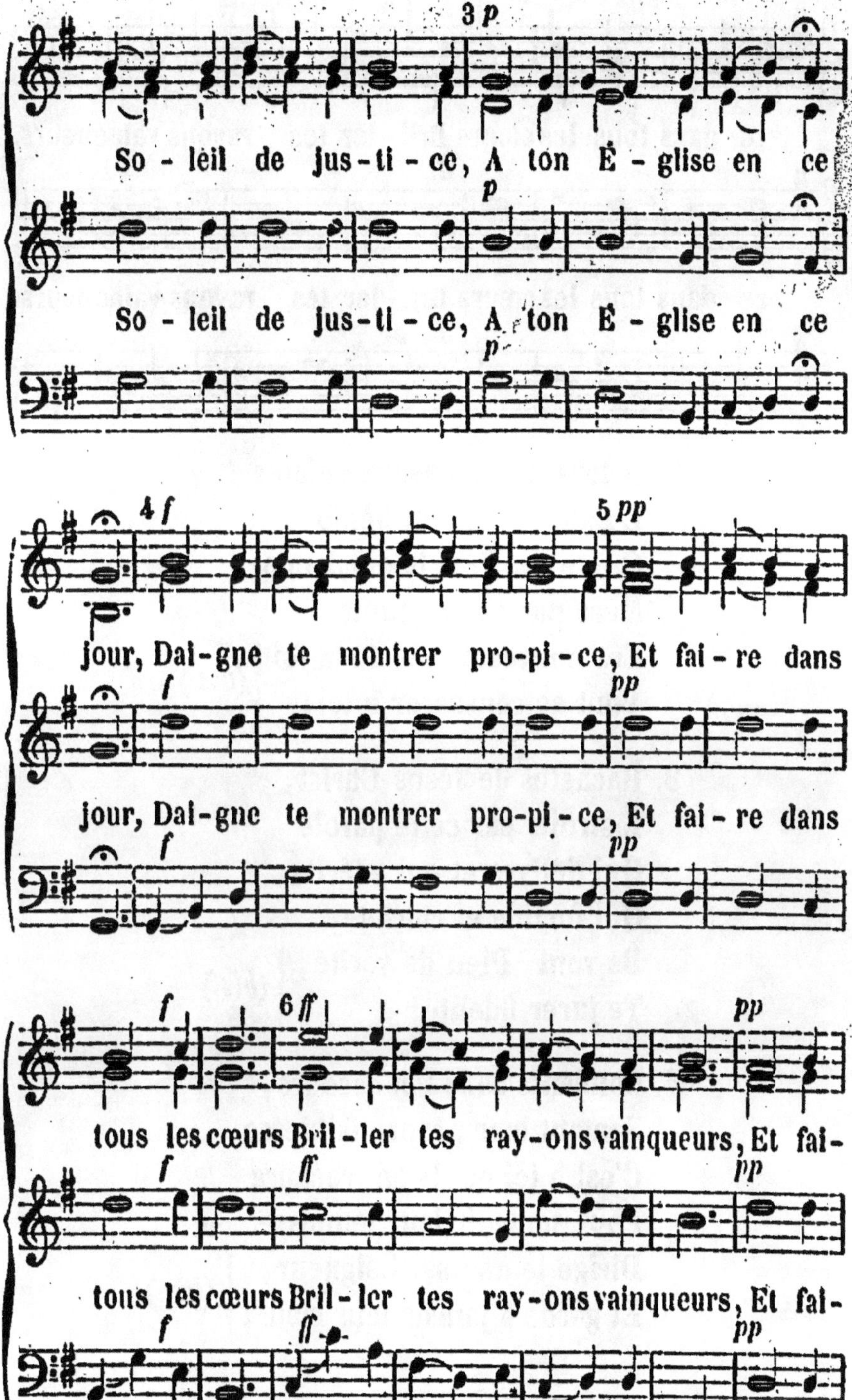
3 p
So - leil de jus - ti - ce, A ton É - glise en ce
p
So - leil de jus - ti - ce, A ton É - glise en ce
p
4 f
5 pp
jour, Dai - gne te montrer pro-pi - ce, Et fai - re dans
f
pp
jour, Dai - gne te montrer pro-pi - ce, Et fai - re dans
f
pp
f
6 ff
pp
tous les cœurs Bril - ler tes ray - ons vainqueurs, Et fai -
f
ff
pp
tous les cœurs Bril - ler tes ray - ons vainqueurs, Et fai -
f
ff
pp

Cant. 46:

re dans tous les cœurs Bril-ler tes rayons vainqueurs.

2. A tous ces nouveaux enfants
L'Église sainte et bénie
Ouvre ses bras triomphants.
Mère par eux rajeunie,
Ces nouveaux-nés de la foi } (bis)
Vont se consacrer à toi!

3. Rachetés de Jésus-Christ,
Instruits par cette parole
Qui délivre et qui guérit,
Qui fortifie et console,
Ils vont, Dieu de vérité, } (bis.)
Te jurer fidelité!

4. Confiants dans ton secours,
Sentant leur propre faiblesse,
C'est à toi qu'ils ont recours
Pour soutenir leur jeunesse.
Dirige leurs pas, Seigneur, } (bis.)
Et garde à jamais leur cœur!

CANTIQUE 47.

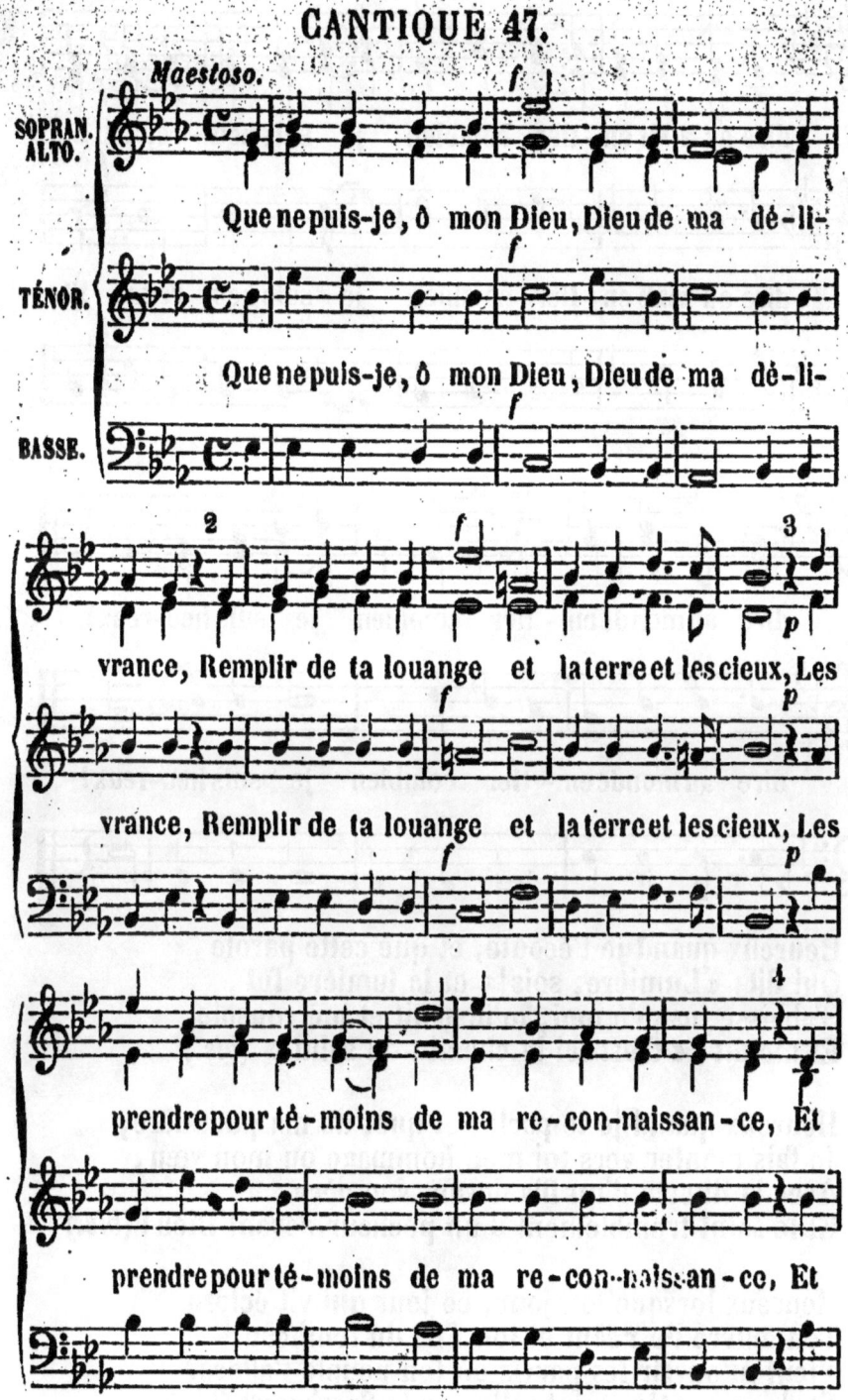

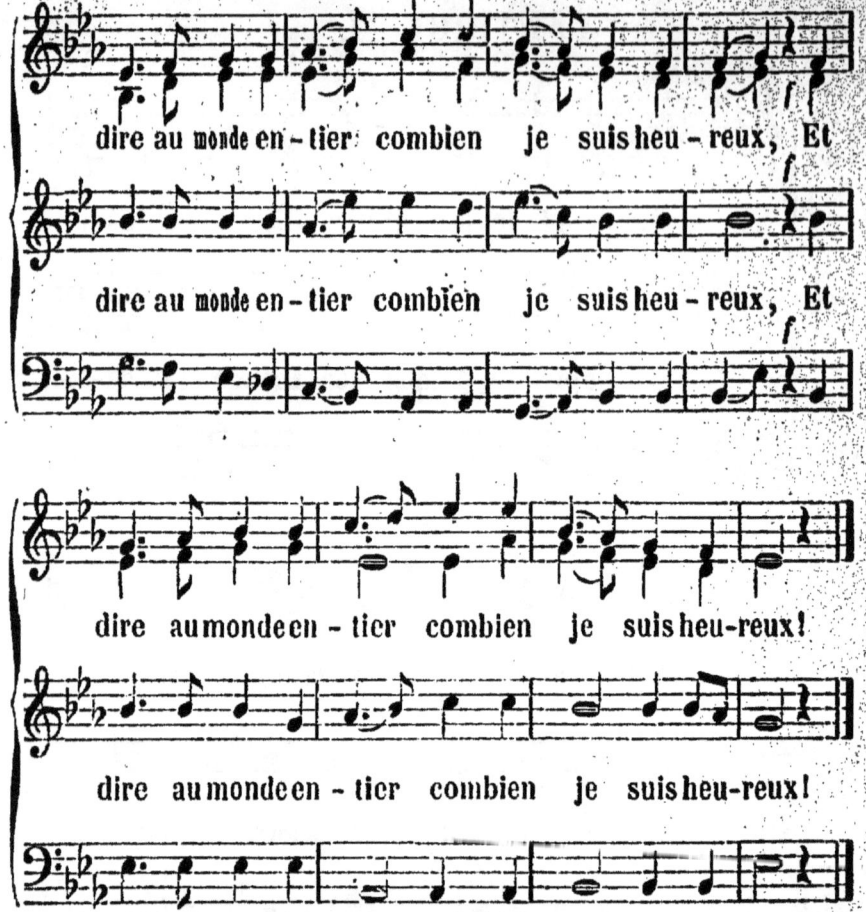

2. Heureux quand je t'écoute, et que cette parole
   Qui dit: «Lumière, sois!» et la lumière fut,
   S'abaisse jusqu'à moi, m'instruit et me console,
   Et me dit: « C'est ici le chemin du salut!» (*bis.*)

3. Heureux quand je te parle, et que, de ma poussière,
   Je fais monter vers toi mon hommage ou mon vœu,
   Avec la liberté d'un fils devant son père
   Et le saint tremblement d'un pécheur devant Dieu! (*bis.*)

4. Heureux lorsque ton jour, ce jour qui vit éclore
   Ton œuvre du néant et ton Fils du tombeau,
   Vient m'ouvrir les parvis où ton peuple t'adore,
   Et de mon zèle éteint rallumer le flambeau! (*bis.*)

Cant. 47.

5. Heureux quand, sous les coups de ta verge fidèle,
Avec amour battu je souffre avec amour;
Pleurant, mais sans douter de ta main paternelle;
Pleurant, mais sous la croix; pleurant, mais pour un jour! (bis.

6. Heureux lorsque attaqué par l'ange de la chute,
Prenant la croix pour arme et l'Agneau pour Sauveur,
Je triomphe à genoux, et sors de cette lutte   [(bis.)
Vainqueur, mais tout meurtri; tout meurtri mais vainqueur!

7. Heureux, toujours heureux! j'ai le Dieu fort pour père,
Pour frère Jésus-Christ, pour guide l'Esprit saint!
Que peut ôter l'enfer, que peut donner la terre,
A qui jouit du ciel et du Dieu trois fois saint? (bis.)

CANTIQUE 48.

2. Reposez-vous sur lui, peuples de son empire,
Laissez-vous protéger et guider par sa main;
Il l'étend, pour bénir, sur tout ce qui respire:
Tout, s'il la retirait, aurait vécu demain. (*bis.*)

CANTIQUE 49.

2.

Si notre cœur est léger et volage,
Fais désormais que, sans aucun partage,
Il se dévoue à son divin Sauveur.
Si pour ta gloire il est froid et de glace,
Ranime en lui la flamme de ta grâce,
Et viens régner pour toujours dans ce cœur.

CANTIQUE 50.

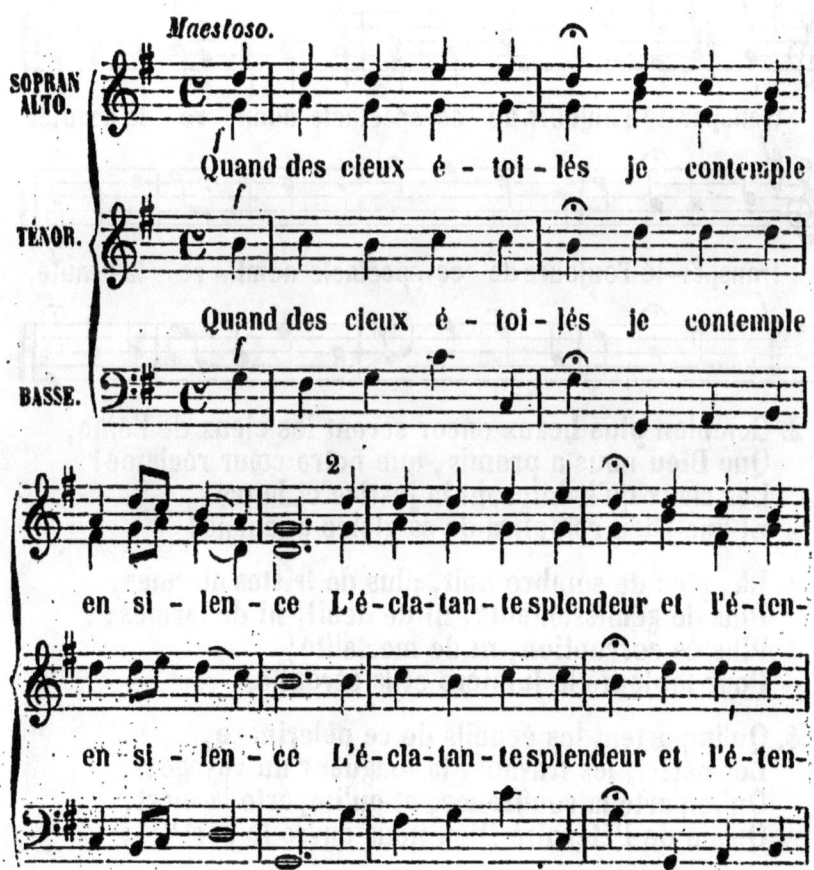

Cant. 50.

due im-men-se, Mes yeux sont éblou-is, et mon cœur
due im-men-se, Mes yeux sont éblou-is, et mon cœur

transpor-té Toujours de ce spectacle admi-re la beauté.
transpor-té Toujours de ce spectacle admi-re la beauté.

2. Combien plus beaux encor seront les cieux de l'âme,
Que Dieu nous a promis, que notre cœur réclame!
Les cieux qu'habiteront la justice et la paix,
Et que Dieu remplira de sa gloire à jamais!

3. Là, plus de sombre nuit, plus de tristes alarmes,
Plus de gémissements, ni de deuil, ni de larmes;
Plus de corruption, ni de mortalité;
Pour toujours la lumière et la sérénité.

4. Qu'importent les écueils de ce pèlerinage,
Les périls, les travaux, la longueur du voyage?
Qu'importe la souffrance, et qu'importe la mort,
Quand de l'éternité Dieu nous ouvre le port?

CANTIQUE 51.

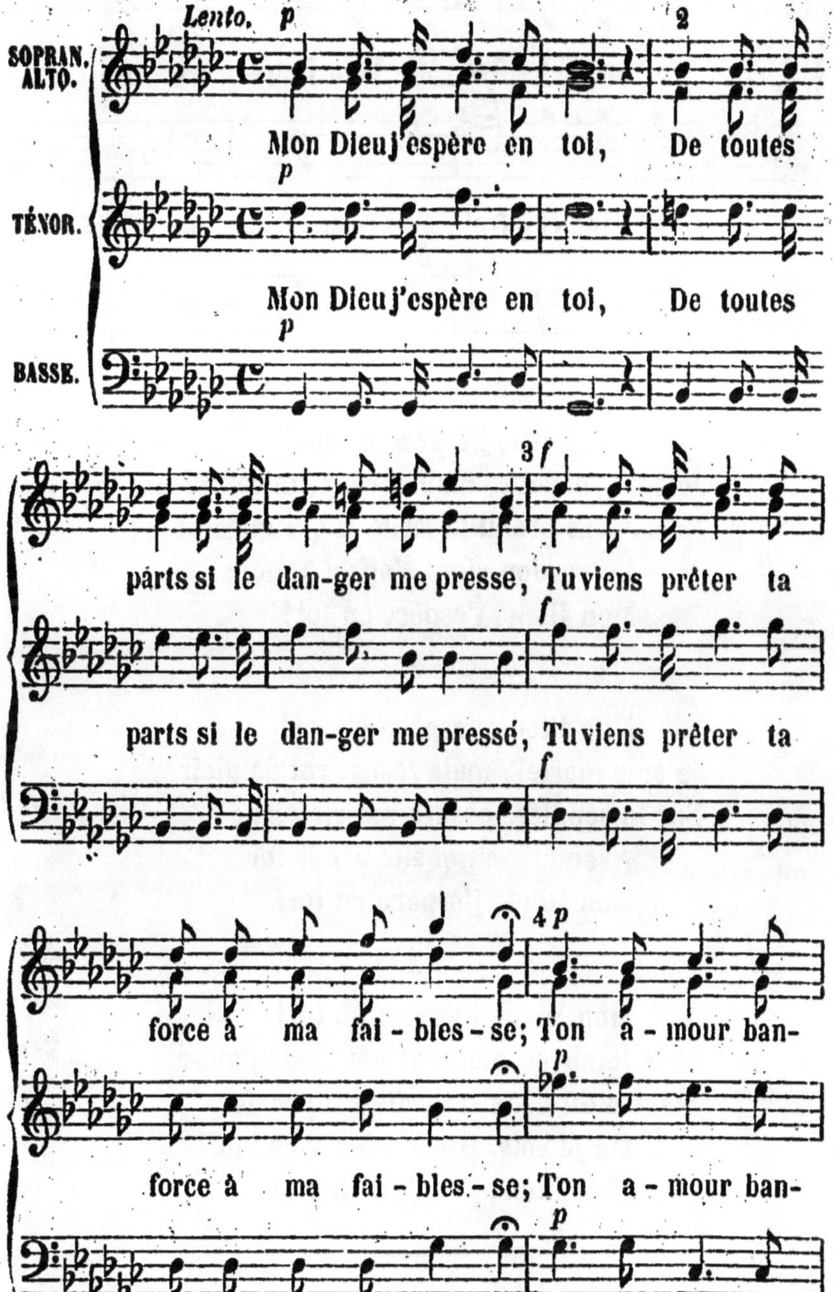
Lento.
SOPRAN.
ALTO.
TÉNOR.
BASSE.
Mon Dieu j'espère en toi, De toutes
Mon Dieu j'espère en toi, De toutes
parts si le dan-ger me presse, Tu viens prêter ta
parts si le dan-ger me pressé, Tu viens prêter ta
force à ma fai - bles - se; Ton a - mour ban-
force à ma fai - bles - se; Ton a - mour ban-

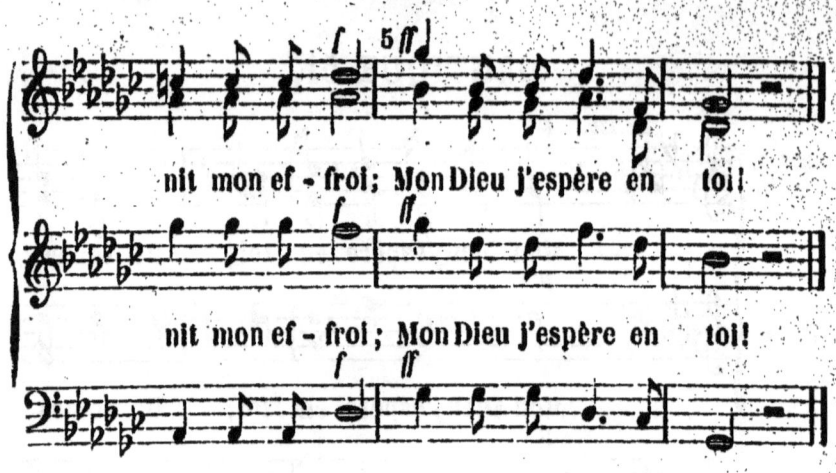

nit mon ef-froi; Mon Dieu j'espère en toi!

2.

Mon Dieu, j'espère en toi!
Je suis pécheur, malheureux, misérable;
Mais Jésus prend le fardeau qui m'accable;
Le pardon vient s'offrir à moi:
Mon Dieu, j'espère en toi!

3.

Mon Dieu, j'espère en toi!
Je suis mortel; mais Jésus, roi de gloire,
Sur le sépulcre assure ma victoire;
Avec lui vainqueur par la foi,
Mon Dieu, j'espère en toi!

4.

Mon Dieu, j'espère en toi!
Si le tombeau me ravit ceux que j'aime,
Jésus a dit dans son adieu suprême:
Où je vais, prends-les avec moi!
Mon Dieu, j'espère en toi!

CANTIQUE 52.

2. Gloire au plus haut des cieux !
Gloire au grand Dieu de bonté, de clémence,
Paix sur la terre, aux hommes bienveillance,
Fraternel amour en tous lieux,
Gloire au plus haut des cieux !

CANTIQUE 53.

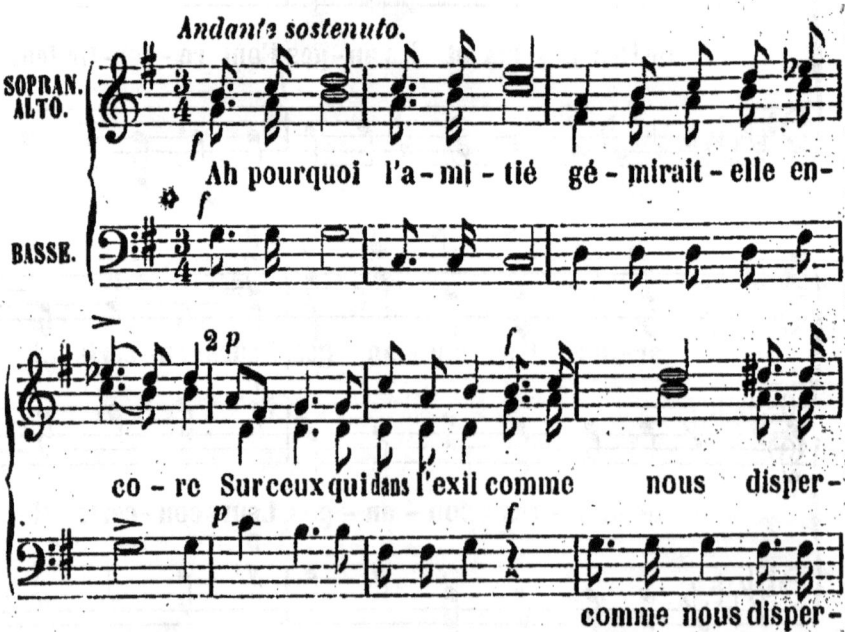

Cant. 53.

2.

Oh! combien ici-bas pesait à leur faiblesse,
Ce fardeau de chagrins sur leur tête amassés!
Et que leur pauvre cœur comptait avec tristesse,
Tant d'heures, tant de jours dans la douleur passés.
Nouveau-nés de la tombe et parés de jeunesse,
Ils ne sont pas perdus, ils nous ont devancés. (*bis.*)

3.

Qu'il est doux dans les cieux le réveil des fidèles,
Qu'avec ravissement autour de Dieu pressés,
Ils unissent au son des harpes immortelles
Les hymnes de l'amour ici-bas commencés.
Amis, joignons nos voix à leurs voix fraternelles,
Ils ne sont pas perdus, ils nous ont devancés. (*bis.*)

4.

Le péché ni la mort ne sauraient les atteindre
Dans la haute retraite où Dieu les a placés;
Leur tranquille regard contemple, sans les craindre,
Sous les pas des humains tant de piéges dressés.
Leur bonheur est au comble: et nous pourrions les plaindre!
Ils ne sont pas perdus, ils nous ont devancés! (*bis.*)

5.

Puisse la même foi qui consola leur vie,
Nous ouvrant les sentiers que leurs pas ont pressés,
Diriger notre essor vers la sainte patrie,
Où leur bonheur s'accroît de leurs travaux passés,
Et rendre à notre amour ces cœurs dignes d'envie
Qui ne sont pas perdus, mais nous ont devancés. (*bis.*)

6.

Quand le bruit de tes flots, l'aspect de ton rivage,
Ô Jourdain! nous diront: vos travaux sont cessés!
Au pays du salut, conquis par son courage,
Jésus nous recevra, triomphants et lassés,
Près de ces compagnons d'exil et d'héritage
Qui ne sont pas perdus, mais nous ont devancés. (*bis.*)

CANTIQUE 54.

veur, L'Esprit de lu-miè-re Et le vrai bonheur.

2.

O, douce Parole,
Par toi je renais ;
Mon cœur se console,
Tu me rends la paix,
Tu m'offres ma grâce,
Ineffable don !
Mon péché s'efface,
Je crois au pardon.

3.

Parole de vie,
Tu mets sous mes yeux
La route bénie
Qui conduit aux cieux.
Un guide fidèle
Est sur ce chemin,
Son amour m'appelle,
Il me tend la main.

4.

Que de fois, ô Bible !
De pauvres pécheurs,
A ta voix paisible
Ont séché leurs pleurs !
Que d'âmes changées
Par ton doux pouvoir !
Que d'âmes chargées
Ont repris l'espoir !

5.

Source jaillissante
Et céleste pain,
Viens, Bible ! et contente,
Ma soif et ma faim !
A moi cette eau vive,
Ce pur aliment,
Que mon cœur en vive
Éternellement !

CANTIQUE 55.

2.

Soumets leur âme à l'Évangile,
Au joug facile,
Plein de douceur;
Et, par ta grâce,
Suivant la trace
De leur Sauveur,
Que pour répondre à ta tendresse
Ils aient sans cesse,
Le même cœur!

CANTIQUE 56.

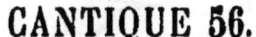

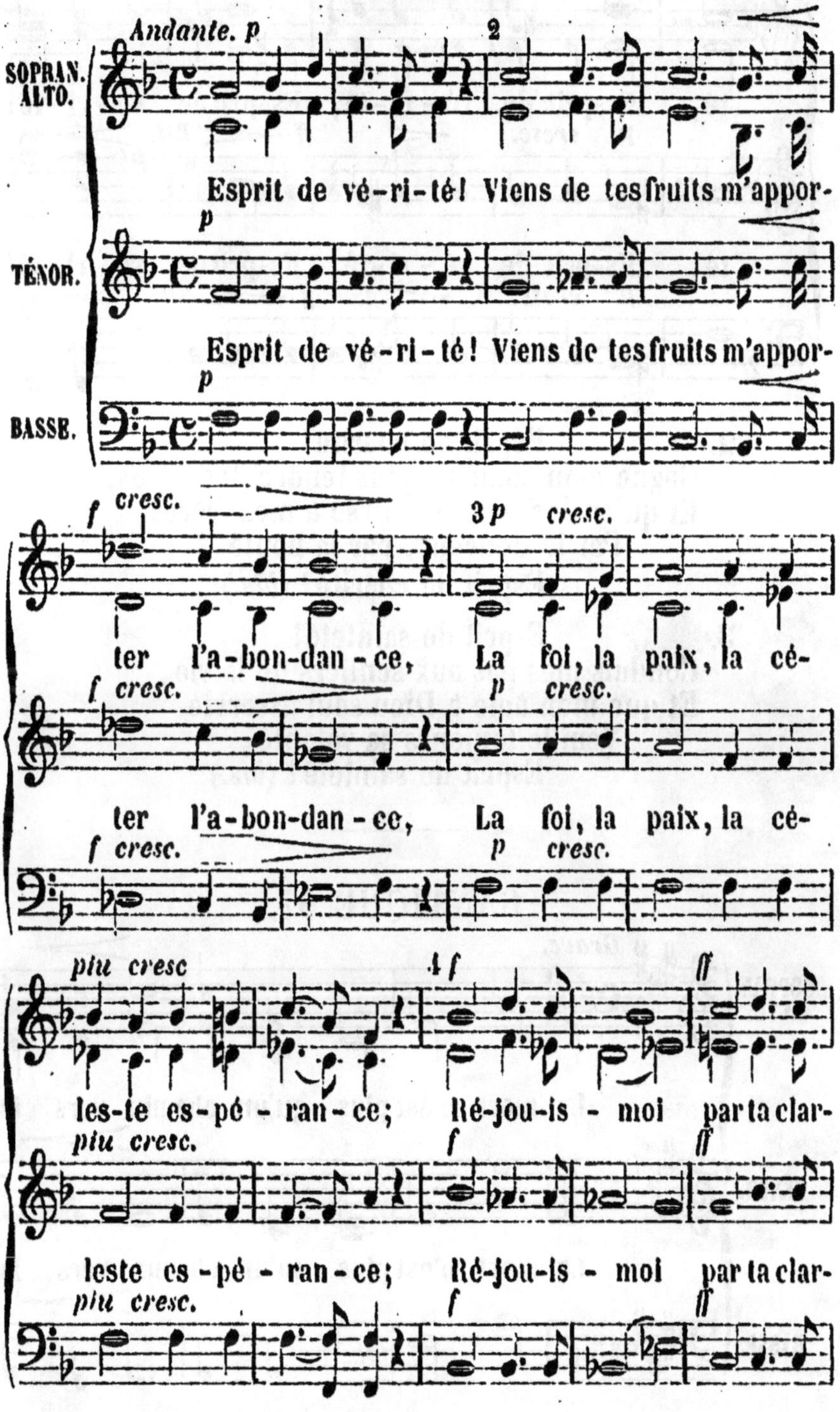
Andante. p
2
SOPRAN.
ALTO.
Esprit de vé-ri-té! Viens de tes fruits m'appor-
p
TÉNOR.
Esprit de vé-ri-té! Viens de tes fruits m'appor-
p
BASSE.
f cresc.
3 p cresc.
ter l'a-bon-dan-ce, La foi, la paix, la cé-
f cresc.
p cresc.
ter l'a-bon-dan-ce, La foi, la paix, la cé-
f cresc.
p cresc.
piu cresc
4 f
ff
les-te es-pé-ran-ce; Ré-jou-is-moi par ta clar-
piu cresc.
f
ff
leste es-pé-ran-ce; Ré-jou-is-moi par ta clar-
piu cresc.
f
ff

2.   Esprit de charité !
Gagne mon cœur au plus tendre des pères,
Et qu'en Jésus je m'unisse à mes frères,
Par la douceur, par la bonté,
Esprit de charité ! (*bis.*)

3.   Esprit de sainteté !
Conduis mes pas aux sentiers de la vie,
Et que mon âme à Dieu seul asservie
Veuille toujours sa volonté,
Esprit de sainteté ! (*bis.*)

CANTIQUE 57.

2. Qui peut encore accuser le fidèle?
Le Fils de Dieu l'a racheté;
Qui peut ravir sa couronne immortelle?
Du Dieu fort il est adopté.
Si contre moi les dangers, la souffrance,
Si les méchants s'armaient un jour,
J'ai Dieu pour moi, je ne crains nulle offense,
Mon cœur est sûr de son amour. (*bis.*)

CANTIQUE 58.

Cant. 58.

2.
Le temps fuit et m'entraîne,
Et bientôt il ramène
Seigneur, un jour nouveau. *(bis.)*
Quelques soleils encore, *(bis.)*
Et la nouvelle aurore
Luira sur mon tombeau.

3.
De tout bien, seule source,
Qu'au terme de ma course
Je m'endorme en ta paix! *(bis.)*
Et qu'aux saintes phalanges, *(bis.)*
Pour dire tes louanges
Je m'unisse à jamais!

4.
Ailleurs quand tout sommeille,
Si quelque frère veille
Sur un lit de douleur, *(bis.)*
Au sein de la souffrance, *(bis.)*
Que la foi, l'espérance
Le consolent, Seigneur!

2.

Jésus, source de clémence,
De douceur et de bonté,
De grâce et de charité!
Par ta mortelle souffrance
Tu scellas ma délivrance, (bis.)
Tout mon cœur veut en retour
S'unir à toi par l'amour,
      Par l'amour.

3.

Dans la route où Dieu m'appelle
Tu vins, Jésus, comme moi;
J'y veux marcher avec toi.
Au cep le sarment fidèle.
Puise une sève nouvelle, (bis.)
Et mon âme à Jésus-Christ
Veut s'unir pour le bon fruit,
Le bon fruit.

4.

Jésus, Prince de la vie,
Qui, triomphant du tombeau,
Nous promets un ciel plus beau;
Oh! qu'à mon âme ravie
Ta voix que j'aurai suivie (bis.)
Dise un jour: Viens, dans ma paix,
T'unir à moi pour jamais!
Pour jamais!

CANTIQUE 60.

CONSÉCRATION D'UN MINISTRE.

2.

Un ouvrier rempli de zèle
Que Jésus a guidé vers toi,
Que l'Esprit dans tes blés appelle,
Vient ici t'engager sa foi.
Sa plus vive et chère espérance,
C'est que par lui l'œuvre s'avance;
Grand Dieu, toi qui lis dans son cœur,
Reçois-le pour ton moissonneur!

3.

Si le vent brûlant de ce monde
A son champ ravit des trésors,
Sur son front si l'orage gronde,
Courbant les jeunes et les forts;
Que dans ton ciel bientôt propice
Le doux soleil de la justice,
Ramenant sur lui sa lueur,
Donne courage au moissonneur!

4.

Et nous que les ans si rapides
Ont vieillis aux mêmes travaux,
Soyons ses appuis et ses guides
Par des efforts toujours nouveaux.
Par lui, par nous, céleste Père,
Mets beaucoup de blé dans ton aire,
Bénis les gerbes, les labeurs,
La moisson et les moissonneurs!

CANTIQUE 61.
CONSÉCRATION DE PLUSIEURS MINISTRES.

Andante.

Jé-sus dit: la moisson est gran-de, Mais elle a peu de moissonneurs; Pour que Dieu partout en ré-pan-de, Pri-ez, pri-ez du fond des cœurs! Seigneur, entends donc la pri-è-re De ton É-gli-se tout en-tiè-re; Ap-pel-le de bons ser-vi-teurs, En-

voie, ô Dieu ! tes mois-son-neurs !

2. Des ouvriers remplis de zèle
  Que Jésus a guidés vers toi,
  Que l'Esprit dans tes blés appelle,
  Vont ici t'engager leur foi.
  Leur plus vive et chère espérance,
  C'est que par eux l'œuvre s'avance,
  Grand Dieu ! toi qui lis dans leurs cœurs,
  Reçois-les pour tes moissonneurs !

3. Si le vent brûlant de ce monde
  A leur champ ravit des trésors,
  Sur leurs fronts si l'orage gronde,
  Courbant les jeunes et les forts ;
  Que dans ton ciel bientôt propice
  Le doux soleil de la justice,
  Ramenant sur eux ses lueurs,
  Donne courage aux moissonneurs !

4. Et nous que les ans si rapides
  Ont vieillis aux mêmes travaux,
  Soyons leurs appuis et leurs guides
  Par des efforts toujours nouveaux ;
  Par nous, par eux, céleste Père !
  Mets beaucoup de blé dans ton aire,
  Bénis nos gerbes et les leurs,
  La moisson et les moissonneurs !

CANTIQUE 62.

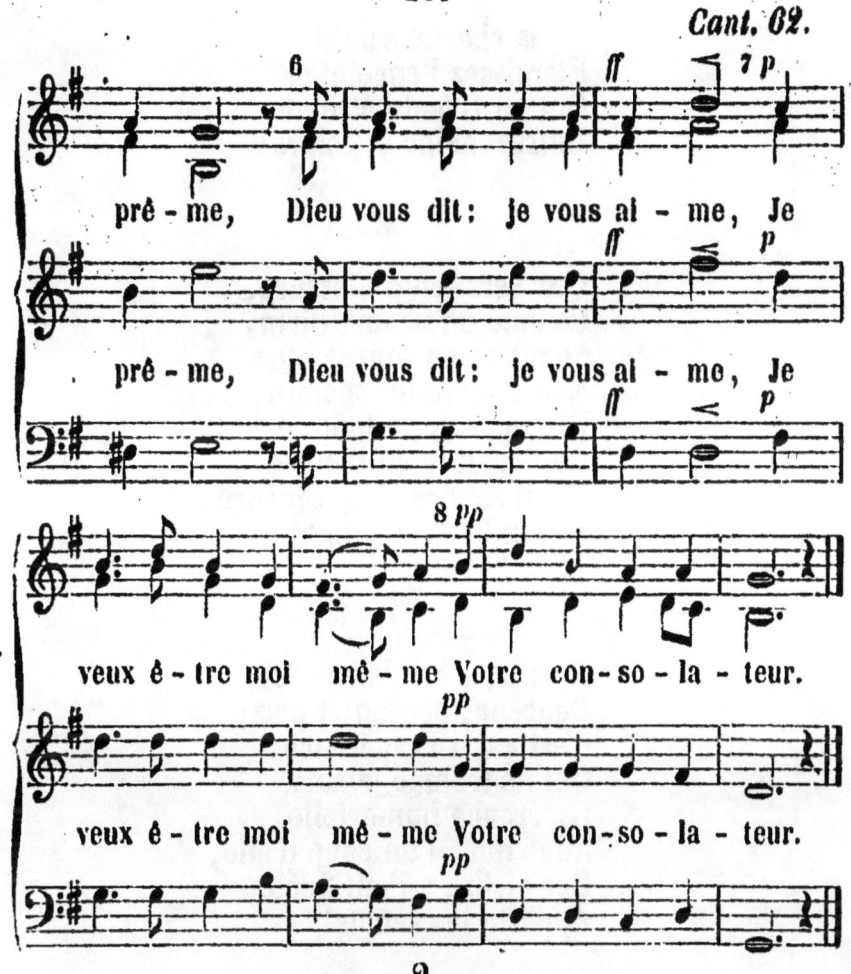

2.

Mon amour se déploie
Pour sauver, pour bénir,
Dans ma paix, dans ma joie,
Je veux tous vous unir.
Aimez-vous, soyez frères!
Unis dans vos misères,
Unis dans vos prières
Pour un même avenir.

3.

Voix de Dieu, voix bénie,
A tes accents vainqueurs
La terre est rajeunie,
Le mal perd ses rigueurs.

Cant. 62.

De la charité sainte
Élargissez l'enceinte,
Que sa vivante étreinte
Unisse mains et cœurs!

4.

Que vers toute blessure,
Comme un baume divin,
Comme une source pure
Elle s'ouvre un chemin,
Pour porter, à toute heure,
De demeure en demeure,
A qui souffre, à qui pleure,
Et son huile et son vin.

5.

Amour, c'est délivrance,
Douceur, pardon et paix;
C'est aussi l'espérance
Qui ne trompe jamais.
Espérance immortelle,
Ange qui, d'un coup d'aile,
Des cieux, à l'œil fidèle,
Apporte les reflets!

6.

Oui l'amour c'est la vie,
C'est le pressentiment,
L'instinct de la Patrie,
Le céleste aliment
Dont la source sacrée,
Sur la terre altérée,
Dans l'âme restaurée
Coule éternellement.

CANTIQUE 63.

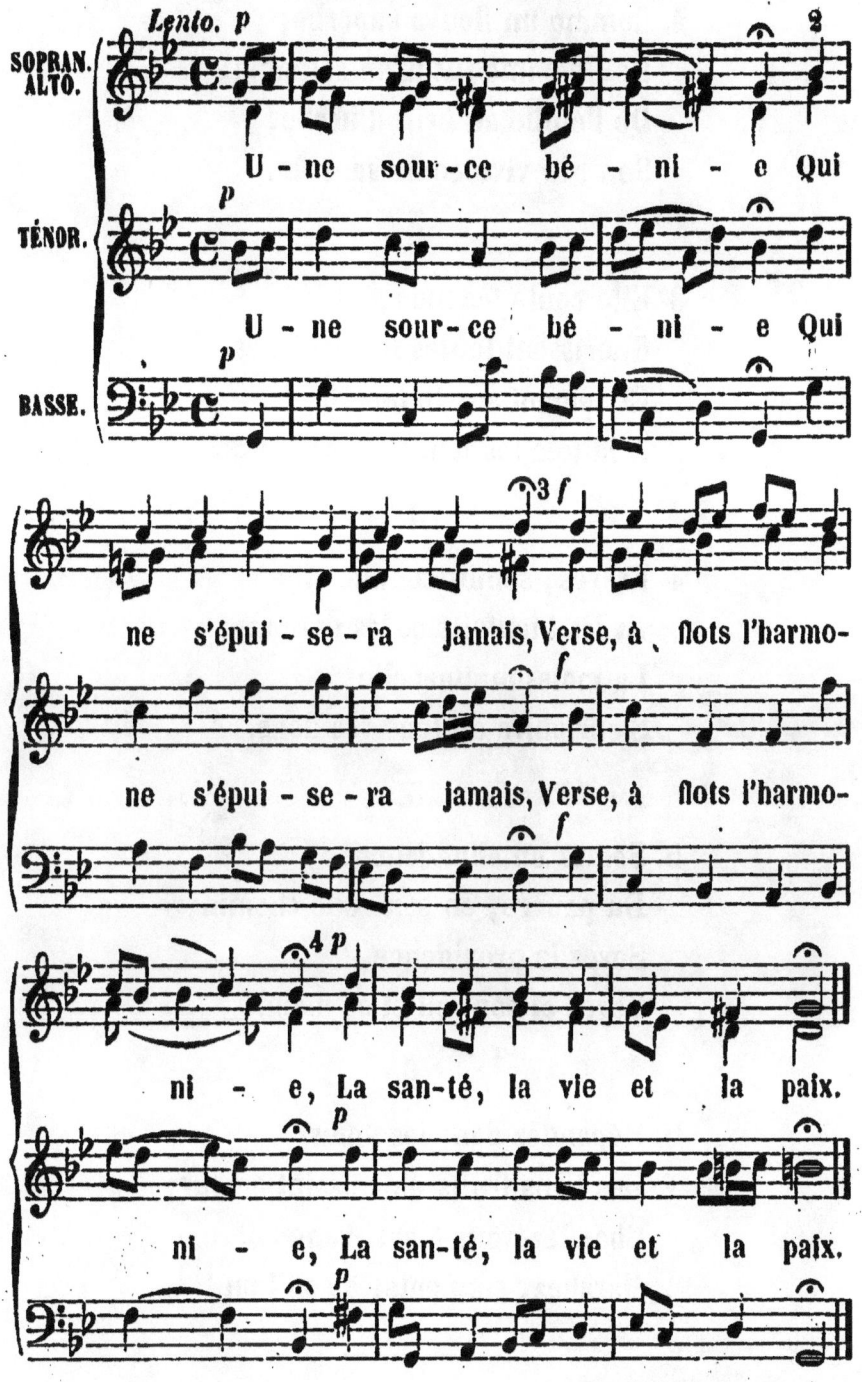

2.

2. Comme un fleuve superbe,
   De l'homme jusqu'au séraphin,
   De l'étoile au brin d'herbe,
   Son eau vive coule sans fin.

3.

3. Elle coule féconde,
   Guérissant toutes les douleurs,
   Et semant sur le monde
   A la fois les fruits et les fleurs.

4.

4. Frères, semez comme elle
   Et les bienfaits et les pardons;
   La moisson éternelle
   S'enrichira de tous vos dons.

5.

5. Semez en abondance!
   Du pauvre, en son rude chemin,
   Soyez la providence,
   Soyez et son œil et sa main.

6.

6. Répandez dans les âmes
   Les bons fruits de ce saint amour;
   Chauffez-vous à ses flammes!
   Marchez, confiants, à son jour!

CANTIQUE 64.

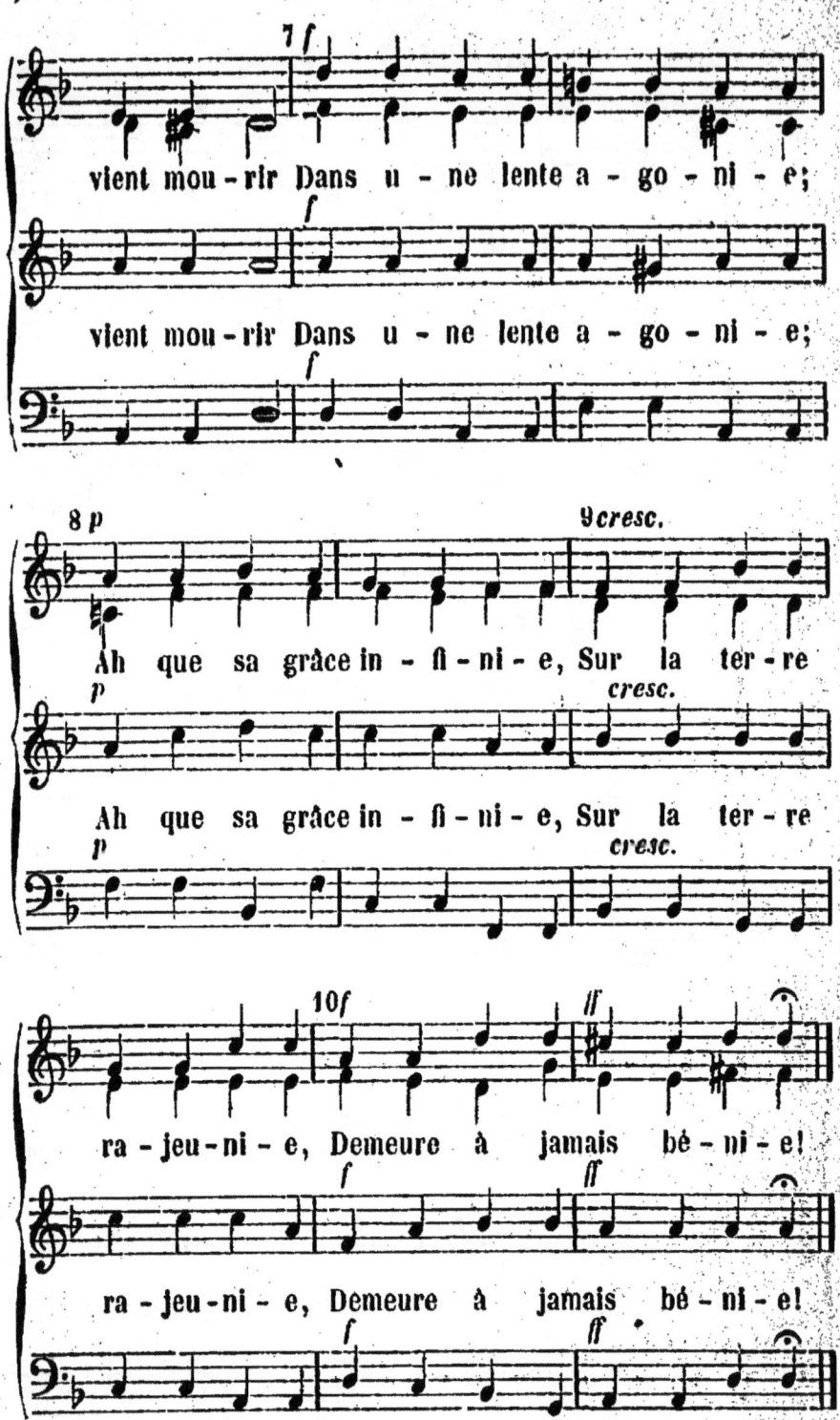

Cant 64.

2. Cette grâce salutaire,
Comme un lien éternel,
Attire la terre au ciel,
Unit le ciel à la terre,
Le ciel redevient clément;
A ce doux rayonnement
La terre est renouvelée,
Et dans l'âme consolée
L'éternité dévoilée
Resplendit immaculée!

CANTIQUE 65.

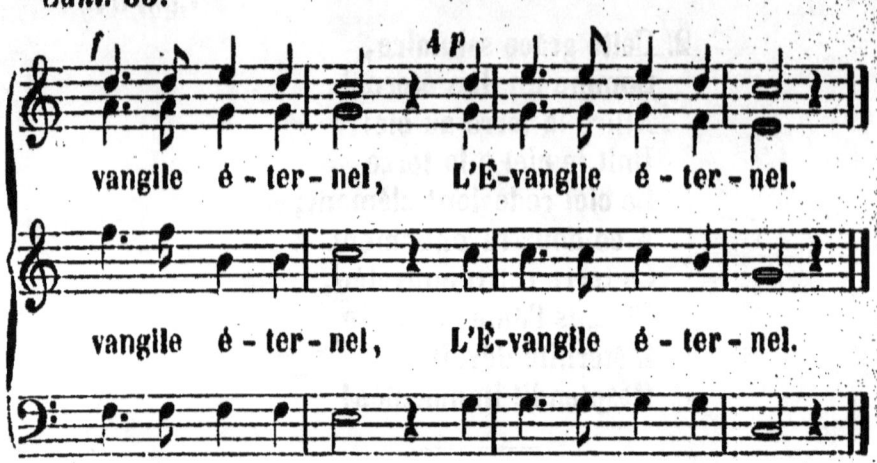

2.

Son aile est plus légère
S'il passe en quelque lieu
D'où monte la prière
De l'Église de Dieu. (*bis.*)

3.

O Dieu, que nos requêtes
S'élèvent donc vers toi,
Pour hâter les conquêtes
De la divine foi! (*bis.*)

4.

Qu'aux plus lointains rivages
Le Sauveur soit connu,
Qu'aux bords les plus sauvages
Il soit le bienvenu! (*bis.*)

5.

Comme on voit l'eau profonde
Couvrir le sein des mers,
Que ta lumière inonde
Tous les peuples divers! (*bis.*)

6.

Qu'un seul troupeau fidèle
Formant un même cœur,
Suive d'un même zèle
La voix d'un seul Pasteur! (*bis.*)

7.

Et qu'enfin sur la terre,
D'un même accord joyeux,
La volonté du Père
Soit faite comme aux cieux! (*bis.*)

FIN.

PRIÈRES.

Prière avant la Communion.

Dieu saint et vrai, *dont les yeux sont trop purs pour voir le mal*, qui suis-je, moi pauvre pécheur, pour m'approcher du *trône de ta sainteté*, et pour participer à la communion de celui qui fut, sur la terre, l'image visible de tes perfections infinies? Mais tu es aussi le Dieu des compassions et des miséricordes, le Dieu qui pardonne et qui aime; c'est pour moi que tu as *donné ton Fils au monde, afin que quiconque croirait en lui ne pérît point, mais qu'il eût la vie éternelle*; c'est pour moi que tu as dit: *Je me tiens à la porte et je frappe, si quelqu'un m'ouvre, j'entrerai et je ferai ma demeure chez lui.*

Me voici donc, Seigneur, en ta présence, humilié, mais croyant; pénétré du sentiment de mon indignité, mais confiant dans tes promesses: me voici prêt à t'ouvrir ce cœur que tu daignes choisir pour demeure. Rends-le toi-même plus sensible à tous les appels de ta miséricorde, à tous les témoignages de ton amour; que ton Esprit de sainteté le pénètre et le purifie; que ta force toute-puissante s'accomplisse dans son infirmité; et qu'à cette table sacrée, où tu lui offres les gages de la réconciliation, il se donne tout entier à toi, au nom et en mémoire de celui qui s'est donné pour le salut de tous les pécheurs! *Amen.*

Autre prière avant la Communion.

Dieu tout bon, Père de miséricorde, tu m'appelles à ta table sacrée pour faire passer devant moi toutes tes compassions; ah! ne permets pas que j'y porte un cœur froid et indifférent! Qu'en bénissant avec tous les fidèles ta clémence et ta bonté sans mesure, mon âme soit embrasée du feu de ton amour! Que la charité de mon divin Sauveur m'anime et me possède! Qu'une foi sincère et vivante, en me peignant tout ce qu'il a souffert pour les pécheurs, me pénètre de reconnaissance et me dévoue entièrement à lui! Que je vienne à ce repas sacré avec la livrée de ses disciples, avec cette charité qui est pleine de douceur, de support, de bienfaisance et de miséricorde! Que je m'approche des symboles sacrés de la mort de mon Sauveur avec un cœur humilié et repentant, afin que je reçoive dans mon cœur, à la table sainte, l'assurance de mon pardon, et que je puise dans ta communion de nouvelles forces pour accomplir l'œuvre de sanctification que tu m'as donnée à faire!

O Dieu de mon salut! fais-moi sentir ta présence; mon âme a soif de toi; parle de paix à mon âme! Que cette paix que Jésus a laissée à ses disciples demeure avec moi; qu'elle couronne toutes tes gratuités; qu'elle soit ma consolation dans mes épreuves; qu'elle aplanisse pour moi les sentiers de la vie, et qu'elle devienne l'avant-goût de cette paix éternelle dont jouissent auprès de toi les fidèles disciples de Jésus-Christ, ton Fils, mon Maître et mon Sauveur! *Amen.*

Prière après la Communion.

Père céleste, en recevant aujourd'hui les symboles sacrés du corps et du sang de ton Fils, j'ai renouvelé dans mon cœur ton alliance de grâce; et je t'en bénis de toute mon âme, car elle est le plus grand et le plus précieux de tous tes bienfaits. Mais j'éprouve plus que jamais le besoin de m'humilier en ta présence, et d'implorer sur ma faiblesse l'assistance de ton Esprit tout-puissant. Ne permets pas, Seigneur, que les impressions de cet acte solennel s'évanouissent comme *une rosée fugitive*; grave-les toi-même dans mon souvenir et dans mon cœur, et rends-les de plus en plus efficaces! Que cette communion devienne en moi, par la bénédiction de ta grâce, une source féconde, non-seulement de consolation et de paix, mais de zèle pour ton service, d'amour pour ta volonté, d'obéissance pour ta loi, de charité pour mes frères; qu'elle me fasse marcher désormais *de foi en foi et de vertu en vertu*, et qu'elle soit ainsi pour mon âme ce *pain spirituel*, cette *nourriture céleste* qui la fera vivre de la véritable vie, dès à présent et pour toujours! Amen.

Autre prière après la Communion.

Mon âme te bénit, ô mon Dieu! tout ce qui est au dedans de moi bénit ton saint nom! Ta bonté paternelle m'environne sans cesse; mais ce qui remplit surtout mon âme en ce moment, c'est le sentiment des bénédictions dont tu as comblé les pauvres pécheurs par Jésus-Christ, la lumière, la rédemption et le salut du monde! Tu as voulu, Père de grâce, me faire participer à ces bénédictions; tu m'as appelé à ton alliance dès ma jeunesse; tu m'as admis à ta communion sainte; et aujourd'hui encore tu m'as reçu à ta table sacrée, pour fortifier ma foi, ranimer mon zèle, m'offrir le pardon, la paix, le salut, la vie éternelle! Ah! ne permets pas que j'aie reçu ta grâce en vain! conserve en moi les salutaires pensées, les sentiments chrétiens de la sainte Cène; que je me souvienne toujours des engagements que j'ai pris et renouvelés à ta table, et que chaque communion me trouve plus avancé dans la carrière de la sanctification et du salut! Viens à mon aide, fortifie-moi, Dieu de bonté, pour qu'il en soit ainsi! Guidé par ton Esprit, soutenu par ta grâce toute-puissante, je répondrai à ma céleste vocation; je te glorifierai dans mon corps et dans mon âme; je vivrai dans la foi en Jésus mon Sauveur; je lui serai fidèle; son exemple sera devant mes yeux; je travaillerai à l'avancement de son règne; j'aurai une communion habituelle avec lui, et rien au monde ne me séparera de son amour, jusqu'à ce que tu accomplisses pour moi, Père céleste, au terme de ma course, ce vœu de ton Fils bien-aimé: *Mon désir est que ceux que tu m'as donnés soient avec moi, afin qu'ils aient part à l'amour dont tu m'as aimé!* Amen.

PASSAGES A MÉDITER
PENDANT LA COMMUNION.

Que chacun s'éprouve soi-même, et qu'ainsi il mange de ce pain et boive de cette coupe.

Si nous disons que nous n'avons point de péché, nous nous séduisons nous-mêmes, et la vérité n'est point en nous.

Comment l'homme mortel se justifierait-il devant le Dieu fort? Si Dieu veut plaider avec lui, de mille articles il ne saurait répondre sur un seul.

O Dieu, aie pitié de moi selon ta gratuité! j'ai péché contre toi, j'ai fait ce qui déplaît à tes yeux. O Dieu, sois apaisé envers moi qui suis pécheur! A toi est la justice, à nous la confusion!

Je me lèverai, et je m'en irai vers mon Père, et je lui dirai: Mon Père, j'ai péché contre le ciel et contre toi, je ne suis plus digne d'être appelé ton enfant.

A qui regarderai-je? dit l'Éternel: à celui qui a le cœur froissé et brisé. Je ne prends point plaisir en la mort du pécheur, mais plutôt qu'il se convertisse et qu'il vive!

L'Éternel est miséricordieux, abondant en grâce; il ne nous traite point selon nos péchés. De telle compassion qu'un père est ému envers ses enfants, de telle compassion l'Éternel est ému envers ceux qui le craignent.

Voyez quel amour le Père nous a témoigné, que nous soyons appelés ses enfants! Dieu a tant aimé le monde qu'il a donné son Fils unique au monde, afin que quiconque croit en lui ne périsse point, mais qu'il ait la vie éternelle. Le salaire du péché, c'est la mort ; mais le don de Dieu, c'est la vie éternelle par Jésus-Christ notre Seigneur.

Le Fils de l'homme est venu chercher et sauver ce qui était perdu : il s'est donné en rançon pour tous. En lui nous avons la rédemption par son sang, savoir la rémission des péchés, selon les richesses de sa grâce.

En ceci est manifesté l'amour de Dieu envers nous, qu'il a envoyé son Fils unique au monde, afin que nous vivions par lui. En ceci consiste l'amour, que nous n'avons pas aimé Dieu les premiers, mais qu'il nous a aimés et qu'il a envoyé son Fils pour être la propitiation pour nos péchés.

La volonté du Père qui m'a envoyé, dit Jésus-Christ, c'est que je ne perde aucun de ceux qu'il m'a donnés, mais que je les ressuscite au dernier jour. Je suis la résurrection et la vie ; celui qui croit en moi, bien qu'il soit mort, vivra ; et quiconque vit et croit en moi, ne mourra jamais.

Je crois, Seigneur, subviens à mon incrédulité! Seigneur, augmente-nous la foi!

A qui irions-nous qu'à toi? tu as les paroles de la vie éternelle, et nous avons cru et nous avons connu que tu es le Christ, le Fils du Dieu vivant.

Que Christ habite dans vos cœurs par la foi.

Il n'y a aucune condamnation pour ceux qui sont en Jésus-Christ, qui marchent, non selon la chair, mais selon l'esprit.

Si nous marchons dans la lumière (c'est-à-dire dans la sainteté), le sang de Jésus-Christ nous purifie de tout péché.

Puisque nous avons de telles promesses, purifions-nous de toutes les souillures du corps et de l'esprit, perfectionnant notre sainteté dans la crainte de Dieu.

Qu'est-ce que l'Éternel demande de toi, sinon que tu le craignes, et que tu marches dans toutes ses voies, et que tu l'aimes, et que tu le serves de tout ton cœur et de toute ton âme?

———

Comme mon Père vous a aimés, dit Jésus-Christ, je vous ai aussi aimés : demeurez en mon amour.

Seigneur, tu sais toutes choses, tu sais que je t'aime!

———

A ceci, dit Jésus, tous reconnaîtront que vous êtes mes disciples, si vous avez de l'amour les uns pour les autres.

Si tu apportes ton offrande à l'autel, et que là il te souvienne que ton frère a quelque chose contre toi, laisse ton offrande devant l'autel, et va premièrement te réconcilier avec ton frère; après cela, viens et présente ton offrande.

Que notre amour ne consiste pas en paroles seulement, mais qu'il soit agissant et sincère.

Réjouissez-vous avec ceux qui sont dans la joie, et pleurez avec ceux qui pleurent.

N'oubliez pas de faire part de vos biens; car Dieu prend plaisir à de tels sacrifices.

Celui qui sème peu, moissonnera peu; celui qui sème abondamment, moissonnera abondamment.

Nous vous prions de reprendre ceux qui sont déréglés, de consoler ceux qui ont le cœur abattu, de soulager les faibles, et d'être patients envers tous.

Exhortez-vous et édifiez-vous les uns les autres.

La religion pure et sans tâche de notre Seigneur Jésus-Christ consiste à visiter les veuves et les orphelins dans leurs afflictions, et à se préserver des souillures du monde.

Abstenez-vous de toute apparence de mal.

Veillez et priez, de peur que vous ne tombiez dans la tentation.

Que celui qui croit être debout prenne garde qu'il ne tombe.

Si quelqu'un manque de sagesse, qu'il la demande à Dieu qui la donne à tous libéralement, sans reproche; et elle lui sera donnée.

Conduisez-vous d'une manière digne de votre vocation.

Vous aurez des afflictions en ce monde, dit Jésus-Christ; mais ayez bon courage, j'ai vaincu le monde.

Il n'y a point de proportion entre les souffrances du temps présent et la gloire à venir.

Saisissez la vie éternelle à laquelle vous êtes appelés.

Soyez fidèles jusqu'à la mort, pour recevoir la couronne de vie.

Ayez les yeux sur Jésus.

Soyez fermes, inébranlables, travaillant de mieux en mieux à l'œuvre du Seigneur, sachant que votre travail ne sera pas sans récompense auprès de lui.

Si vous entendez aujourd'hui la voix de Dieu, n'endurcissez pas vos cœurs.

Travaillez pendant qu'il fait jour, la nuit vient dans laquelle on ne peut plus travailler.

Que servirait-il à un homme de gagner tout le monde, s'il perdait son âme ?

C'est une joie pour le juste de faire ce qui est droit.

Plusieurs disent : Qui me fera voir des biens ? Lève sur moi, ô Éternel, la clarté de ta face ! tu mets plus de joie en mon cœur que les hommes n'en ont au temps de la plus grande abondance.

Je vous laisse la paix, dit Jésus-Christ à ses disciples, je vous donne la paix; je ne la donne pas comme le monde la donne : que votre cœur soit sans agitation et sans crainte !

O Dieu ! détourne ta face de mes péchés, et efface toutes mes iniquités.

J'ai juré et je le tiendrai, ô Éternel ! de garder les ordonnances de ta justice. — Crée en moi un cœur pur, renouvelle au dedans de moi un esprit bien disposé; ne me rejette point de devant ta face, et ne m'ôte point ton Esprit saint !

Mon enfant, va-t'en en paix, tes péchés te sont pardonnés.

Réjouissez-vous de ce que vos noms sont écrits dans les cieux.

Mon âme, bénis l'Éternel, et que tout ce qui est en moi bénisse son saint nom !

TABLE ALPHABÉTIQUE DES PSAUMES

AVEC DÉSIGNATION DES AUTEURS DE L'HARMONIE.

A.

Numér.	Psaumes.	Arrangé par	Pages.
40. A mon Seigneur	CX.	L'Égl. de la Conf. d'Augsb.	93
13. A toi, mon Dieu	XXV.	Wilhem.	29
46. Au fort de ma détresse	CXXX.	Wilhem.	109
5. Aux paroles que	V.	Wilhem.	11

B.

39. Bénissons Dieu.	CIII.	Wilhem transposé	90

C.

19. Comme un cerf	XLII.	Wilhem.	46

D.

41. De tout mon cœur	CXI.	Wilhem.	94
14. Dieu fut toujours	XXVII.	Confession d'Augsbourg.	31
11. Dieu me conduit.	XXIII.	Confession d'Augsbourg.	25
26. Dieu nous veuille	LXVII.	Wilhem.	62
35. Dieu règne en juste	XCVII.	Recueil de Genève	84
38. Dieu tout-puissant.	CI.	Wilhem transposé	89
28. Donne tes lois	LXXII.	Wilhem transposé	68
2. D'où vient ce bruit.	II.	Wilhem.	3
18. Du méchant le train	XXXVI.	Confession d'Augsbourg.	44

E.

7. Éternel, quel homme.	XV.	Wilhem.	15

G.

48. Grand Dieu, tu vois	CXXXIX.	Confession d'Augsbourg.	113

H.

15. Heureux celui de qui	XXXII.	Confession d'Augsbourg.	34
1. Heureux celui qui fuit.	I.	Wilhem.	1
45. Heureux celui qui par.	CXIX.	Wilhem transposé	103

Numér.	Psaumes.	Arrangé par	Pages.

I.

47. Il faut, grand Dieu . . . CXXXVIII. Wilhem transposé 111

J.

43. J'aime mon Dieu . . . . CXVI. Wilhem 98
17. Jamais je ne serai . . . XXXIV. Confession d'Augsbourg . 42

L.

29. L'âme de douleur . . . LXXVII. Wilhem 69
12. La terre appartient . . XXIV. Wilhem 27
9. Les cieux en chaque . . XIX. Confession d'Augsbourg . 19

M.

21. Miséricorde et grâce . . LI. Wilhem transposé 50
22. Mon âme en son Dieu . LXII. Confession d'Augsbourg . 52
49. Mon âme, tout nous . . CXLVI. Wilhem 116
10. Mon Dieu, mon Dieu . . XXII. Wilhem transposé 22
32. Mon Dieu, prête-moi . . LXXXVI. Wilhem 77

O.

24. O Dieu! c'est dans . . . LXV. Wilhem transposé 56
23. O Dieu! ma peine . . . LXIV. Wilhem 54
6. O notre Dieu, tout bon . VIII. Confession d'Augsbourg . 12

P.

30. Peuples, chantez . . . . XCVIII. Wilhem 86
50. Peuples, louez . . . . . CL. Wilhem transposé 117
25. Peuples, venez . . . . . LXVI. Wilhem transposé 59

Q.

3. Que de gens . . . . . . III. Confession d'Augsbourg . 6
27. Que Dieu se montre . . LXVIII. Confession d'Augsbourg . 64
20. Qu'on batte des mains . XLVII. Wilhem 48

R.

34. Réjouissons-nous . . . XCV. Confession d'Augsbourg . 82
44. Rendez à Dieu . . . . . CXVIII. Wilhem transposé 100
16. Réveillez-vous . . . . . XXXIII. Wilhem transposé 38
31. Roi des rois . . . . . . LXXXIV. Wilhem 75

S.

Numér.		Psaumes.	Arrangé par	Pages.
4.	Seigneur, à toi seul...	IV.	Wilhem............	8
30.	Sois attentif mon peuple.	LXXVIII.	Confession d'Augsbourg.	73
8.	Sois, ô grand Dieu...	XVI.	Confession d'Augsbourg.	16

T.

33.	Tu fus toujours.....	XC.	Confession d'Augsbourg.	79

V.

42.	Vous qui servez....	CXIII.	Confession d'Augsbourg.	96
37.	Vous qui sur la terre.	C.	Confession d'Augsbourg.	87

TABLE ALPHABÉTIQUE DES CANTIQUES
AVEC DÉSIGNATION DES AUTEURS DE LA MUSIQUE.

A.

Numér.		Auteur	Pages.
5.	A celui qui nous a sauvés.....	Guillaume Frank.....	126
53.	Ah! pourquoi l'amitié gémirait-t-elle	Paër............	219

B.

1.	Béni soit à jamais le grand Dieu..	Guillaume Franck....	119

C.

7.	Célébrons tous, par nos louanges.	Guillaume Franck....	129
27.	C'est un rempart que notre Dieu..	Luther...........	166
64.	Chante au Seigneur, ô mon âme..	Hammerschmidt.....	244
35.	Créateur tout-puissant des cieux..	Neukomm..........	182

D.

43.	De quels transports d'amour....	Malan............	199
33.	De quoi t'alarmes-tu, mon cœur..	Ancien choral.......	176
49.	De tous les biens source pure...	Händel...........	212
40.	Dieu bienfaisant, l'homme.....	Anc. cant. de Montbéliard.	192
46.	Dieu de lumière et d'amour....	Luther...........	205
22.	Du rocher de Jacob..........	Malan............	158

E.

Numér.		Auteur	Pages
58.	Encor cette journée	Ancien air allemand	230
62.	Enfants d'un même Père	Idem	239
4.	Entonnons dans ce jour	Guillaume Franck	124
56.	Esprit de vérité	Laussel	226
14.	Esprit-Saint, notre créateur	Guillaume Franck	145
30.	Éternel, ô mon Dieu	Urhan	173

F.

2.	Faisons éclater notre joie	Guillaume Franck	121
3.	Faisons retentir dans ce lieu	Guillaume Franck	123
24.	Frères, glorifions cette grande	Malan	161

G.

52.	Gloire au plus haut des cieux	Körner	218
11.	Grand Dieu, nous te louons	Guillaume Franck	138
20.	Grand Dieu, tes bontés	Haydn	154

H.

17.	Hélas ! en guerre avec moi-même	Mainzer	149

J.

18.	Je chanterai, Seigneur tes œuvres	Comte Delaborde	151
21.	Je la connais cette joie excellente	Malan	156
60. 61.	Jésus dit: la moisson est grande	Haydn	234 237
31.	Jour du Seigneur	Air allemand de 1682	174

L.

15.	Laisse-moi désormais	Guillaume Franck	147
57.	La mort n'est plus qu'un chemin	Beethoven	227
32.	L'Éternel seul est ma lumière	Petit recueil de Genève	175

M.

13.	Mon cœur rempli des biens	Guillaume Franck	143
51.	Mon Dieu, j'espère en toi	Körner	216

N.

38.	Nos fugitives années	Henri Albert, 1640	189

O.

Numér.		Auteur	Pages
20.	O Christ! j'ai vu ton agonie	Ancien air allemand	171
59.	O Jésus, soleil de l'âme	Frères moraves	232
54.	O ma sainte Bible	Handel	222
12.	O notre Dieu, père d'éternité	Guillaume Franck	141
23.	Oui, je bénirai Dieu	Malan	160

P.

42.	Parfait et vivant modèle	Jean Schop, 1640	197
25.	Père saint, je te rends grâce	Chant sicilien	162
9.	Peuple chrétien, ton Sauveur	Guillaume Franck	133
39.	Pourquoi toujours prompts	Petit recueil de Genève	191

Q.

50.	Quand des cieux étoilés	Luther	214
37.	Quand j'aurais la langue des anges	Mozart	186
34.	Quel est cet astre radieux	Ancien choral	179
36.	Quel est-il ton espoir, mon âme	Mozart	184
47.	Que ne puis-je, ô mon Dieu	Haydn	208

S.

19.	Saints des saints, tout mon cœur	Malan	152
45.	Saints Messagers, hérauts de la	Malan	203
16.	Seigneur, dans ta gloire adorable	Mainzer	148
55.	Seigneur, dirige et sanctifie	Handel	224
26.	Seigneur, mon Dieu, céleste Père	Ancien choral	164
65.	Seigneur, ton ange vole	Mainzer	246

T.

10.	Tes biens, ô Dieu! sont infinis	Guillaume Franck	137
44.	Tes brebis, ô Jésus! connaissent	Malan	201
48.	Tout-puissant Roi des rois	Haydn	210
28.	Tu nous aimes, Seigneur	Urhan	169

U.

63.	Une source bénie	Luther	242
8.	Unissons nos cœurs et nos voix	Guillaume Franck	132

V.

6.	Venez, chrétiens, et contemplons	Guillaume Franck	127
41.	Voici l'heureuse journée	Choral morave	195

TABLE DES MATIÈRES.

Dieu et ses perfections, sa gloire et ses bienfaits.

Psaumes 1, 5, 8, 19, 22, 24, 33, 47, 64, 65 à 68, 77, 86, 90, 95, 97, 98, 100, 103, 111, 113, 116, 118, 130, 138, 139, 146, 150. — Cantiques 1, 7, 18, 19, 20, 22, 23, 28, 32, 40, 50.

La Providence.

Psaumes 3, 27, 33, 34, 65, 67, 98, 139. — Cantiques 22, 23, 32, 38, 39, 40, 51.

La parole de Dieu.

Psaumes 16, 19, 33, 78, 119. — Cantiques 31, 35, 41, 42, 45, 47, 54, 65.

L'homme, sa grandeur et sa faiblesse, son état de péché.

Psaumes 8, 19, 51, 62, 90, 130, 146. — Cantiques 17, 19, 21, 28, 29, 30, 36, 38, 43, 47, 51.

Jésus-Christ et la Rédemption.

Psaumes 2, 22, 68, 110, 118, 138. — Cantiques 21, 28, 29, 34, 42, 43, 44, 45, 47, 59, 64. (Voyez les cantiques pour les solennités.)

Le Saint-Esprit, la Grâce.

Psaumes 5, 16, 19, 25, 86, 101, 119. — Cantiques 17, 19, 20, 30, 31, 32, 35, 49, 56, 64. (Voyez les cantiques pour les solennités.)

L'Église et la communion des Saints.

Psaumes 2, 22, 32, 33, 34, 65, 68, 73, 97, 98, 100, 110, 116, 118, 138. — Cantiques 6, 7, 12, 25, 27, 28, 45, 46, 49, 62.

La rémission des péchés.

Psaumes 32, 51, 65, 103, 118, 130. — Cantiques 30, 32, 41, 43, 47, 51, 54, 59. (Voyez les cantiques pour les solennités.)

La résurrection et la vie éternelle.
(Vie présente, mort, vie à venir.)

Psaumes 15, 16, 23, 27, 62, 90, 103, 116, 118. Cantiques 16, 22, 24, 26, 33, 36, 38, 40, 43, 45, 50, 53, 57. (Voyez les cantiques pour les solennités.)

La foi.

Psaumes 1, 2, 16, 23, 25, 27, 51, 62, 66, 78, 86, 119, 139. — Cantiques 19, 20, 21, 22, 29, 30, 31, 33, 35, 41, 42, 44, 45, 57, 59. (Voyez les cantiques pour les solennités.)

La repentance.

Psaumes 19, 25, 32, 51, 103, 130. — Cantiques 17, 30, 41, 43, 47.

LES DEVOIRS ENVERS DIEU.

L'amour, l'adoration, la reconnaissance, la louange.

Psaumes 8, 16, 22, 23, 24, 33, 34, 42, 47, 65, 66, 67, 68, 77, 86, 95, 97, 98, 100, 101, 103, 111, 113, 116, 118, 119, 130, 138, 146, 150. — Cantiques 1, 7, 11, 18, 19, 20, 22, 23, 31, 32, 40, 47, 50, 57.

La crainte et le respect.

Psaumes 25, 33, 64, 65, 66, 68, 111, 119, 130, 139. — Cantiques 16, 30.

La confiance, la résignation, la patience dans les afflictions.

Psaumes 3, 4, 5, 16, 22, 23, 25, 27, 32, 33, 34, 42, 62, 64, 77, 84, 86, 90, 95, 116, 118, 119, 130, 146. — Cantiques 20, 21, 22, 23, 32, 33, 39, 40, 41, 44, 47, 51, 57.

La prière, le culte, la sanctification du dimanche.

Psaumes 3, 4, 5, 15, 19, 22, 24, 25, 27, 33, 34, 42, 65, 66, 67, 78, 84, 86, 90, 95, 97, 100, 101, 111, 113, 116, 118, 119, 150. — Cantiques 17, 20, 25, 26, 30, 31, 32, 41, 45, 47, 49, 55, 56, 58, 59.

L'obéissance.

Psaumes 2, 4, 15, 24, 25, 62, 78, 86, 95, 101, 111, 116, 119. — Cantiques 10, 16, 26, 28, 41, 42.

LES DEVOIRS ENVERS LES HOMMES.

Psaumes 15, 24, 72. — Cantiques 14, 25, 28, 37, 45, 62, 63.

LES DEVOIRS ENVERS SOI-MÊME.

L'affection aux choses d'en haut, la tempérance, la pureté.

Psaumes 4, 5, 8, 15, 16, 19, 24, 25, 51, 62, 95, 101, 119, 146. — Cantiques 4, 6, 7, 9, 14, 20, 21, 30, 38.

Le travail sous l'œil de Dieu.

Psaumes 1, 3, 4, 15, 23, 33, 62, 65, 67, 97, 101, 119, 139. — Cantiques 10, 16, 26, 28, 38, 42, 44, 47. (Pour la patience, voyez la confiance en Dieu.)

La sanctification, les résolutions saintes, le progrès dans la vie chrétienne.

Psaumes 2, 4, 19, 51, 86, 90, 97, 101, 111, 116, 119. — Cantiques 1, 2, 3, 4, 6, 8, 9, 10, 16, 24, 26, 28, 30, 41, 42, 44, 47, 49, 55, 56, 57, 59.

La vigilance et la prière.

Psaumes 1, 15, 19, 78, 90, 97, 101, 111, 119, 139. — Cantiques 10, 11, 12, 14, 26, 28, 38, 42, 44, 47, 55. (Voyez plus haut la prière.)

Paix et bonheur du fidèle, trouble et malheur du méchant.

Psaumes 1, 2, 4, 5, 15, 16, 19, 22, 23, 24, 25, 27, 33, 34, 36, 62, 64, 68, 97, 103, 111, 119, 146. — Cantiques 1, 2, 4, 6, 7, 9, 11, 13, 15, 21, 22, 23, 24, 26, 28, 30, 31, 32, 33, 36, 40, 41, 43, 44, 47, 50, 53, 59. (Voyez résurrection et vie éternelle.)

CIRCONSTANCES ET SOLENNITÉS RELIGIEUSES.

Renouvellement de l'année.

Psaumes 23, 66, 67, 90, 103. — Cantiques 12, 38, 40, 58

Vendredi-Saint, Semaine-Sainte.

Psaume 22. — Cantiques 11, 21, 29, 42, 64.

Pâques.

Cantiques 3, 4, 5, 11, 22, 24, 36, 50, 53, 57.

Ascension.

Psaume 110. — Cantiques 6, 24, 36, 50, 53, 57.

Pentecôte.

Cantiques 7, 8, 14, 19, 35, 49, 56.

Jour de jeûne.

Psaumes 25, 32, 51, 130. — Cantiques 9, 17, 30, 43.

Noël.

Psaumes 2, 47, 98, 110, 118, 138. — Cantiques 1, 2, 11, 13, 42, 52.

Communion.

Psaumes 4, 25, 32, 51, 67, 103, 116, 118. — Cantiques 9, 10, 11, 15, 21, 26, 28, 29, 30, 31, 41, 43, 44, 47, 49.

Réception des catéchumènes.

Psaumes 1, 19, 23, 25, 62, 103, 119. — Cantiques 11, 19, 20, 21, 23, 26, 28, 31, 41, 44, 45, 46, 47, 49, 55.

Réjouissances publiques, abondantes récoltes, délivrances, prospérité générale.

Psaumes 24, 27, 33, 47, 62, 65, 66, 67, 68, 86, 95, 97, 98, 100, 103, 111, 113, 116, 118, 138, 146, 150. — Cantiques 11, 13, 18, 22, 23, 27, 40, 48.

Afflictions publiques, calamités.

Psaumes 3, 22, 24, 25, 27, 33, 42, 51, 62, 77, 86, 90, 119, 130, 138, 146. — Cantiques 27, 32, 33, 39.

Collectes pour les pauvres.

Cantiques 13, 28, 37, 62, 63.

Fêtes nationales.

Psaumes 33, 65, 68, 72, 95, 97, 98, 113, 118, 138, 146, 150 — Cantiques 22, 23, 27, 48.

Fête de la Réformation et de la Bible.

Psaumes 4, 16, 19, 22, 27, 33, 34, 47, 66, 67, 68, 78, 95, 97, 98, 100, 110, 118, 119, 138, 146, 150. — Cantiques 7, 11, 15, 22, 23, 27, 35, 44, 45, 47, 48, 49, 54.

Fête des écoles, de la jeunesse, service du catéchisme.

Psaumes 16, 19, 25, 33, 34, 66, 78, 86, 95, 97, 100, 101, 103, 111, 119, 139, 150. — Cantiques 16, 19, 21, 22, 23, 25, 26, 31, 32, 35, 36, 37, 39, 40, 41, 42, 44, 45, 46, 47, 48, 49, 50, 54, 55.

Service des missions.

Psaumes 2, 22, 24, 66, 67, 78, 98, 103, 110, 118, 119, 138, 150. — Cantiques 22, 27, 28, 35, 45, 49, 65.

Consécration d'un ministre.

Psaumes 66, 78, 95, 118, 119. — Cantiques 11, 23, 25, 28, 35, 41, 45, 49, 60. De plusieurs ministres, 61.

Dédicace d'un temple.

Psaumes 15, 24, 27, 42, 84, 95, 97, 100, 118, 150. — Cantiques 19, 23, 25, 26, 27, 31, 41, 45, 49.

Les saisons.

Psaumes 4, 8, 65, 67, 68, 86. — Cantique 40.

Le soir.

Cantique 58.

www.ingramcontent.com/pod-product-compliance
Lightning Source LLC
Chambersburg PA
CBHW050329170426
43200CB00009BA/1520